PRÉFACE

La collection de guides de conversation "Tout ira bien!", publié par T&P Books, est conçue pour les gens qui voyagent par affaire ou par plaisir. Les guides de conversations contiennent le plus important - l'essentiel pour la communication de base. Il s'agit d'une série indispensable de phrases pour survivre à l'étranger.

Ce guide de conversation vous aidera dans la plupart des cas où vous devez demander quelque chose, trouver une direction, découvrir le prix d'un souvenir, etc. Il peut aussi résoudre des situations de communication difficile lorsque la gesticulation n'aide pas.

Ce livre contient beaucoup de phrases qui ont été groupées par thèmes. Vous trouverez aussi un petit dictionnaire de plus de 1500 mots importants et utiles.

Emmenez avec vous un guide de conversation "Tout ira bien!" sur la route et vous aurez un compagnon de voyage irremplaçable qui vous aidera à vous sortir de toutes les situations et vous enseignera à ne pas avoir peur de parler aux étrangers.

TABLE DES MATIÈRES

T&P Books Publishing

GUIDE DE CONVERSATION
— JAPONAIS —

LES PHRASES LES PLUS UTILES

Ce guide de conversation contient les phrases et les questions les plus communes et nécessaires pour communiquer avec des étrangers

Par Andrey Taranov

T&P BOOKS

Guide de conversation + dictionnaire de 1500 mots

Guide de conversation Français-Japonais et dictionnaire concis de 1500 mots

Par Andrey Taranov

La collection de guides de conversation "Tout ira bien!", publiée par T&P Books, est conçue pour les gens qui voyagent par affaire ou par plaisir. Les guides contiennent l'essentiel pour la communication de base. Il s'agit d'une série indispensable de phrases pour "survivre" à l'étranger.

Une autre section du livre contient un petit dictionnaire de plus de 1500 mots les plus utilisés. Le dictionnaire inclut beaucoup de termes gastronomiques et peut être utile lorsque vous faites le marché ou commandez des plats au restaurant.

T&P Books Publishing
www.tpbooks.com

ISBN: 978-1-78492-536-9

Ce livre existe également en format électronique.
Pour plus d'informations, veuillez consulter notre site: www.tpbooks.com
ou rendez-vous sur ceux des grandes librairies en ligne.

PRONONCIATION

Hiragana	Katakana	Romaji	Exemple en japonais	Alphabet phonétique T&P	Exemple en français

Consonnes

Hiragana	Katakana	Romaji	Exemple en japonais	Alphabet phonétique T&P	Exemple en français
あ	ア	a	あなた	[a]	classe
い	イ	i	いす	[i], [i:]	faillite
う	ウ	u	うた	[u], [u:]	couronne
え	エ	e	いいえ	[e]	équipe
お	オ	o	しお	[ɔ]	robinet
や	ヤ	ya	やすみ	[jɑ]	familial
ゆ	ユ	yu	ふゆ	[ju]	voyou
よ	ヨ	yo	ようす	[jɔ]	pavillon

Syllabes

Hiragana	Katakana	Romaji	Exemple en japonais	Alphabet phonétique T&P	Exemple en français
ば	バ	b	ばん	[b]	bureau
ち	チ	ch	ちち	[tʃ]	match
だ	ダ	d	からだ	[d]	document
ふ	フ	f	ひふ	[f]	formule
が	ガ	g	がっこう	[g]	gris
は	ハ	h	はは	[h]	h aspiré
じ	ジ	j	じしょ	[dʒ]	adjoint
か	カ	k	かぎ	[k]	bocal
む	ム	m	さむらい	[m]	minéral
に	ニ	n	にもつ	[n]	ananas
ば	バ	p	パン	[p]	panama
ら	ラ	r	いくら	[r]	racine
さ	サ	s	あさ	[s]	syndicat
し	シ	sh	わたし	[ɕ]	chiffre
た	タ	t	ふた	[t]	tennis
つ	ツ	ts	いくつ	[ts]	gratte-ciel
わ	ワ	w	わた	[w]	iguane
ざ	ザ	z	ざっし	[dz]	pizza

LISTE DES ABRÉVIATIONS

Abréviations en français

adj	-	adjective
adv	-	adverbe
anim.	-	animé
conj	-	conjonction
dénombr.	-	dénombrable
etc.	-	et cetera
f	-	nom féminin
f pl	-	féminin pluriel
fam.	-	familiar
fem.	-	féminin
form.	-	formal
inanim.	-	inanimé
indénombr.	-	indénombrable
m	-	nom masculin
m pl	-	masculin pluriel
m, f	-	masculin, féminin
masc.	-	masculin
math	-	mathematics
mil.	-	militaire
pl	-	pluriel
prep	-	préposition
pron	-	pronom
qch	-	quelque chose
qn	-	quelqu'un
sing.	-	singulier
v aux	-	verbe auxiliaire
v imp	-	verbe impersonnel
vi	-	verbe intransitif
vi, vt	-	verbe intransitif, transitif
vp	-	verbe pronominal
vt	-	verbe transitif

T&P BOOKS

GUIDE DE CONVERSATION JAPONAIS

Cette section contient
des phrases importantes
qui peuvent être utiles dans
des situations courantes.
Le guide vous aidera
à demander des directions,
clarifier le prix, acheter
des billets et commander
des plats au restaurant

T&P Books Publishing

CONTENU DU GUIDE
DE CONVERSATION

T&P Books Publishing

Les essentiels

Excusez-moi, ...
すみません、…
[sumimasen, ...]

Bonjour
こんにちは。
[konnichiwa]

Merci
ありがとうございます。
[arigatō gozai masu]

Au revoir
さようなら。
[sayōnara]

Oui
はい。
[hai]

Non
いいえ。
[īe]

Je ne sais pas.
わかりません。
[wakari masen]

Où? | Où? | Quand?
どこ？ | どこへ？ | いつ？
[doko ? | doko e ? | i tsu ?]

J'ai besoin de ...
…が必要です
[... ga hitsuyō desu]

Je veux ...
したいです
[shi tai desu]

Avez-vous ... ?
…をお持ちですか？
[... wo o mochi desu ka ?]

Est-ce qu'il y a ... ici?
ここには…がありますか？
[koko ni wa ... ga ari masu ka ?]

Puis-je ... ?
…してもいいですか？
[... shi te mo ī desu ka ?]

s'il vous plaît (pour une demande)
お願いします。
[onegai shi masu]

Je cherche ...
…を探しています
[... wo sagashi te i masu]

les toilettes
トイレ
[toire]

un distributeur
ATM
[ētīemu]

une pharmacie
薬局
[yakkyoku]

l'hôpital
病院
[byōin]

le commissariat de police
警察
[keisatsu]

une station de métro
地下鉄
[chikatetsu]

un taxi	タクシー [takushī]
la gare	駅 [eki]

Je m'appelle ...	私は…と申します [watashi wa ... to mōshi masu]
Comment vous appelez-vous?	お名前は何ですか？ [o namae wa nan desu ka ?]
Aidez-moi, s'il vous plaît.	助けていただけますか？ [tasuke te itadake masu ka ?]
J'ai un problème.	困ったことがあります。 [komatta koto ga arimasu]
Je ne me sens pas bien.	気分が悪いのです。 [kibun ga warui nodesu]
Appelez une ambulance!	救急車を呼んで下さい！ [kyūkyū sha wo yon de kudasai !]
Puis-je faire un appel?	電話をしてもいいですか？ [denwa wo shi te mo ī desu ka ?]

Excusez-moi.	ごめんなさい。 [gomennasai]
Je vous en prie.	どういたしまして。 [dōitashimashite]

je, moi	私 [watashi]
tu, toi	君 [kimi]
il	彼 [kare]
elle	彼女 [kanojo]
ils	彼ら [karera]
elles	彼女たち [kanojotachi]
nous	私たち [watashi tachi]
vous	君たち [kimi tachi]
Vous	あなた [anata]

ENTRÉE	入り口 [iriguchi]
SORTIE	出口 [deguchi]
HORS SERVICE	EN PANNE	故障中 [koshō chū]
FERMÉ	休業中 [kyūgyō chū]

OUVERT

営業中
[eigyō chū]

POUR LES FEMMES

女性用
[josei yō]

POUR LES HOMMES

男性用
[dansei yō]

Questions

Où? (lieu)
どこ？
[doko ?]

Où? (direction)
どこへ？
[doko e ?]

D'où?
どこから？
[doko kara ?]

Pourquoi?
どうしてですか？
[dōshite desu ka ?]

Pour quelle raison?
なんのためですか？
[nan no tame desu ka ?]

Quand?
いつですか？
[i tsu desu ka ?]

Combien de temps?
どのぐらいですか？
[dono gurai desu ka ?]

À quelle heure?
何時にですか？
[nan ji ni desu ka ?]

C'est combien?
いくらですか？
[ikura desu ka ?]

Avez-vous ... ?
…をお持ちですか？
[... wo o mochi desu ka ?]

Où est ..., s'il vous plaît?
…はどこですか？
[... wa doko desu ka ?]

Quelle heure est-il?
何時ですか？
[nan ji desu ka ?]

Puis-je faire un appel?
電話をしてもいいですか？
[denwa wo shi te mo ī desu ka ?]

Qui est là?
誰ですか？
[dare desu ka ?]

Puis-je fumer ici?
ここでタバコを吸ってもいいですか？
[koko de tabako wo sutte mo ī desu ka ?]

Puis-je ...?
…してもいいですか？
[... shi te mo ī desu ka ?]

Besoins

Je voudrais …
…をしたいのですが
[… wo shi tai no desu ga]

Je ne veux pas …
…したくないです
[… shi taku nai desu]

J'ai soif.
喉が渇きました。
[nodo ga kawaki mashi ta]

Je veux dormir.
眠りたいです。
[nemuri tai desu]

Je veux …
したいです
[shi tai desu]

me laver
洗いたい
[arai tai]

brosser mes dents
歯を磨きたい
[ha wo migaki tai]

me reposer un instant
しばらく休みたい
[shibaraku yasumi tai]

changer de vêtements
着替えたい
[kigae tai]

retourner à l'hôtel
ホテルに戻る
[hoteru ni modoru]

acheter …
…を買う
[… wo kau]

aller à …
…へ行く
[… e iku]

visiter …
…を訪問する
[… wo hōmon suru]

rencontrer …
…と会う
[… to au]

faire un appel
電話をする
[denwa wo suru]

Je suis fatigué /fatiguée/
疲れています。
[tsukare te i masu]

Nous sommes fatigués /fatiguées/
私たちは疲れました。
[watashi tachi wa tsukare mashita]

J'ai froid.
寒いです。
[samui desu]

J'ai chaud.
暑いです。
[atsui desu]

Je suis bien.
大丈夫です。
[daijōbu desu]

Il me faut faire un appel.

電話をしなければなりません。
[denwa wo shi nakere ba nari masen]

J'ai besoin d'aller aux toilettes.

トイレへ行きたいです。
[toire e iki tai desu]

Il faut que j'aille.

行かなければいけません。
[ika nakere ba ike masen]

Je dois partir maintenant.

今すぐ行かなければいけません。
[ima sugu ika nakere ba ike masen]

Comment demander la direction

Excusez-moi, ...

すみません、…
[sumimasen, ...]

Où est ..., s'il vous plaît?

…はどこですか？
[... wa doko desu ka ?]

Dans quelle direction est ... ?

…はどちらですか？
[...wa dochira desu ka ?]

Pouvez-vous m'aider, s'il vous plaît ?

助けていただけますか？
[tasuke te itadake masu ka ?]

Je cherche ...

…を探しています
[... wo sagashi te i masu]

La sortie, s'il vous plaît?

出口を探しています。
[deguchi wo sagashi te i masu]

Je vais à ...

…へ行く予定です
[... e iku yotei desu]

C'est la bonne direction pour ...?

…へはこの道で合っていますか？
[...e wa kono michi de atte i masu ka ?]

C'est loin?

遠いですか？
[tōi desu ka ?]

Est-ce que je peux y aller à pied?

そこまで歩いて行けますか？
[soko made arui te ike masu ka ?]

Pouvez-vous me le montrer sur la carte?

地図で教えて頂けますか？
[chizu de oshie te itadake masu ka ?]

Montrez-moi où sommes-nous,
s'il vous plaît.

今どこにいるかを教えて下さい。
[ima doko ni iru ka wo oshie te kudasai]

Ici

ここです
[koko desu]

Là-bas

あちらです
[achira desu]

Par ici

こちらです
[kochira desu]

Tournez à droite.

右に曲がって下さい。
[migi ni magatte kudasai]

Tournez à gauche.

左に曲がって下さい。
[hidari ni magatte kudasai]

Prenez la première
(deuxième, troisième) rue.

1つ目（2つ目、3つ目）
の曲がり角
[hitotsume (futatsume, mittsume)
no magarikado]

à droite

右に
[migi ni]

à gauche

左に
[hidari ni]

Continuez tout droit.

まっすぐ歩いて下さい。
[massugu arui te kudasai]

Affiches, Pancartes

BIENVENUE!
いらっしゃいませ！
[irasshai mase !]

ENTRÉE
入り口
[iriguchi]

SORTIE
出口
[deguchi]

POUSSEZ
押す
[osu]

TIREZ
引く
[hiku]

OUVERT
営業中
[eigyō chū]

FERMÉ
休業中
[kyūgyō chū]

POUR LES FEMMES
女性用
[josei yō]

POUR LES HOMMES
男性用
[dansei yō]

MESSIEURS (M)
男性用
[dansei yō]

FEMMES (F)
女性用
[josei yō]

RABAIS | SOLDES
営業
[eigyō]

PROMOTION
セール
[sēru]

GRATUIT
無料
[muryō]

NOUVEAU!
新商品！
[shin shōhin !]

ATTENTION!
目玉品！
[medama hin !]

COMPLET
満員
[man in]

RÉSERVÉ
ご予約済み
[go yoyaku zumi]

ADMINISTRATION
管理
[kanri]

PERSONNEL SEULEMENT
社員専用
[shain senyō]

ATTENTION AU CHIEN!　　　　猛犬注意
[mōken chūi]

NE PAS FUMER!　　　　禁煙！
[kin en !]

NE PAS TOUCHER!　　　　触るな危険！
[sawaru na kiken !]

DANGEREUX　　　　危ない
[abunai]

DANGER　　　　危険
[kiken]

HAUTE TENSION　　　　高電圧
[kō denatsu]

BAIGNADE INTERDITE!　　　　水泳禁止！
[suiei kinshi !]

HORS SERVICE | EN PANNE　　　　故障中
[koshō chū]

INFLAMMABLE　　　　火気注意
[kaki chūi]

INTERDIT　　　　禁止
[kinshi]

ENTRÉE INTERDITE!　　　　通り抜け禁止！
[tōrinuke kinshi !]

PEINTURE FRAÎCHE　　　　ペンキ塗り立て
[penki nuritate]

FERMÉ POUR TRAVAUX　　　　改装閉鎖中
[kaisō heisa chū]

TRAVAUX EN COURS　　　　この先工事中
[kono saki kōji chū]

DÉVIATION　　　　迂回
[ukai]

Transport - Phrases générales

avion	飛行機 [hikōki]
train	電車 [densha]
bus, autobus	バス [basu]
ferry	フェリー [ferī]
taxi	タクシー [takushī]
voiture	車 [kuruma]

horaire	時刻表 [jikoku hyō]
Où puis-je voir l'horaire?	どこで時刻表を見られますか？ [doko de jikoku hyō wo mirare masu ka ?]
jours ouvrables	平日 [heijitsu]
jours non ouvrables	週末 [shūmatsu]
jours fériés	祝日 [kokumin no syukujitsu]

DÉPART	出発 [shuppatsu]
ARRIVÉE	到着 [tōchaku]
RETARDÉE	遅延 [chien]
ANNULÉE	欠航 [kekkō]

prochain (train, etc.)	次の [tsugi no]
premier	最初の [saisho no]
dernier	最後の [saigono]

À quelle heure est le prochain ...?	次の…はいつですか？ [tsugi no ... wa i tsu desu ka ?]
À quelle heure est le premier ...?	最初の…はいつですか？ [saisho no ... wa i tsu desu ka ?]

À quelle heure est le dernier …?

最後の…はいつですか？
[saigo no … wa i tsu desu ka ?]

correspondance

乗り継ぎ
[noritsugi]

prendre la correspondance

乗り継ぎをする
[noritsugi wo suru]

Dois-je prendre la correspondance?

乗り継ぎをする必要がありますか？
[noritsugi o suru hitsuyō ga ari masu ka ?]

Acheter un billet

Où puis-je acheter des billets?
どこで乗車券を買えますか？
[doko de jōsha ken wo kae masu ka ?]

billet
乗車券
[jōsha ken]

acheter un billet
乗車券を買う
[jōsha ken wo kau]

le prix d'un billet
乗車券の値段
[jōsha ken no nedan]

Pour aller où?
どこへ？
[doko e ?]

Quelle destination?
どこの駅へ？
[doko no eki e ?]

Je voudrais ...
…が必要です
[… ga hitsuyō desu]

un billet
券 1枚
[ken ichi mai]

deux billets
2枚
[ni mai]

trois billets
3枚
[san mai]

---

aller simple
片道
[katamichi]

aller-retour
往復
[ōfuku]

première classe
ファーストクラス
[fāsuto kurasu]

classe économique
エコノミークラス
[ekonomī kurasu]

---

aujourd'hui
今日
[kyō]

demain
明日
[ashita]

après-demain
あさって
[asatte]

dans la matinée
朝に
[asa ni]

l'après-midi
昼に
[hiru ni]

dans la soirée
晩に
[ban ni]

siège côté couloir

通路側の席
[tsūro gawa no seki]

siège côté fenêtre

窓側の席
[madogawa no seki]

C'est combien?

いくらですか？
[ikura desu ka ?]

Puis-je payer avec la carte?

カードで支払いができますか？
[kādo de shiharai ga deki masu ka ?]

L'autobus

bus, autobus	バス [basu]
autocar	高速バス [kōsoku basu]
arrêt d'autobus	バス停 [basutei]
Où est l'arrêt d'autobus le plus proche?	最寄りのバス停はどこですか？ [moyori no basutei wa doko desu ka ?]
numéro	数 [kazu]
Quel bus dois-je prendre pour aller à ...?	…に行くにはどのバスに乗れば いいですか ？ […ni iku niwa dono basu ni nore ba ī desu ka … ?]
Est-ce que ce bus va à ...?	このバスは…まで行きますか？ [kono basu wa … made iki masu ka ?]
L'autobus passe tous les combien?	バスはどのくらいの頻度で 来ますか？ [basu wa dono kurai no hindo de ki masu ka ?]
chaque quart d'heure	１５分おき [jyū go fun oki]
chaque demi-heure	３０分おき [sanjuppun oki]
chaque heure	１時間に １回 [ichi jikan ni ittu kai]
plusieurs fois par jour	１日に数回 [ichi nichi ni sū kai]
… fois par jour	１日に…回 [ichi nichi ni … kai]
horaire	時刻表 [jikoku hyō]
Où puis-je voir l'horaire?	どこで時刻表を見られますか？ [doko de jikoku hyō wo mirare masu ka ?]
À quelle heure passe le prochain bus?	次のバスは何時ですか？ [tsugi no basu wa nan ji desu ka ?]
À quelle heure passe le premier bus?	最初のバスは何時ですか？ [saisho no basu wa nan ji desu ka ?]
À quelle heure passe le dernier bus?	最後のバスは何時ですか？ [saigo no basu wa nan ji desu ka ?]

arrêt
バス停、停留所
[basutei, teiryūjo]

prochain arrêt
次のバス停、次の停留所
[tsugi no basutei, tsugi no teiryūjo]

terminus
最終停留所
[saishū teiryūjo]

Pouvez-vous arrêter ici, s'il vous plaît.
ここで止めてください。
[koko de tome te kudasai]

Excusez-moi, c'est mon arrêt.
すみません、ここで降ります。
[sumimasen, koko de ori masu]

Train

train	電車 [densha]
train de banlieue	郊外電車 [kōgai densha]
train de grande ligne	長距離列車 [chōkyori ressha]
la gare	電車の駅 [densha no eki]
Excusez-moi, où est la sortie vers les quais?	すみません、ホームへはど う行けばいいですか？ [sumimasen, hōmu e wa dō ike ba ī desu ka ?]
Est-ce que ce train va à ...?	この電車は…まで行きますか？ [kono densha wa ... made iki masu ka ?]
le prochain train	次の駅 [tsugi no eki]
À quelle heure est le prochain train?	次の電車は何時ですか？ [tsugi no densha wa nan ji desu ka ?]
Où puis-je voir l'horaire?	どこで時刻表を見られますか？ [doko de jikoku hyō wo mirare masu ka ?]
De quel quai?	どのホームからですか？ [dono hōmu kara desu ka ?]
À quelle heure arrive le train à ...?	電車はいつ到着しますか…？ [densha wa i tsu tōchaku shi masu ka ... ?]
Pouvez-vous m'aider, s'il vous plaît?	助けて下さい。 [tasuke te kudasai]
Je cherche ma place.	私の座席を探しています。 [watashi no zaseki wo sagashi te i masu]
Nous cherchons nos places.	私たちの座席を探し ています。 [watashi tachi no zaseki wo sagashi te i masu]
Ma place est occupée.	私の席に他の人が 座っています。 [watashi no seki ni hoka no hito ga suwatte i masu]
Nos places sont occupées.	私たちの席に他の人が 座っています。 [watashi tachi no seki ni hoka no hito ga suwatte i masu.]

Excusez-moi, mais c'est ma place.

すみませんが、こちらは私
の席です。
[sumimasen ga, kochira wa watashi
no seki desu]

Est-ce que cette place est libre?

この席はふさがっていますか？
[kono seki wa husagatte i masu ka ?]

Puis-je m'asseoir ici?

ここに座ってもいいですか？
[koko ni suwatte mo ī desu ka ?]

Sur le train - Dialogue (Pas de billet)

Votre billet, s'il vous plaît.
乗車券を見せて下さい。
[jōsha ken wo mise te kudasai]

Je n'ai pas de billet.
乗車券を持っていません。
[jōsha ken wo motte i masen]

J'ai perdu mon billet.
乗車券を失くしました。
[jōsha ken wo nakushi mashi ta]

J'ai oublié mon billet à la maison.
乗車券を家に忘れました。
[jōsha ken wo ie ni wasure mashi ta]

Vous pouvez m'acheter un billet.
私からも乗車券を購入できます。
[watashi kara mo jōsha ken wo kōnyū deki masu]

Vous devrez aussi payer une amende.
それから罰金を払わなければいけません。
[sorekara bakkin wo harawa nakere ba ike masen]

D'accord.
わかりました。
[wakari mashi ta]

Où allez-vous?
行き先はどこですか？
[yukisaki wa doko desu ka ?]

Je vais à …
…に行きます。
[… ni iki masu]

Combien? Je ne comprend pas.
いくらですか？ わかりません。
[ikura desu ka ? wakari masen]

Pouvez-vous l'écrire, s'il vous plaît.
書いてください。
[kai te kudasai]

D'accord. Puis-je payer avec la carte?
わかりました。クレジットカードで支払いできますか？
[wakari mashi ta. kurejittokādo de shiharaideki masu ka ?]

Oui, bien sûr.
はい。
[hai]

Voici votre reçu.
レシートです。
[reshīto desu]

Désolé pour l'amende.
罰金をいただいてすみません。
[bakkin wo itadaite sumimasen]

Ça va. C'est de ma faute.
大丈夫です。私のせいですから。
[daijōbu desu. watashi no sei desu kara]

Bon voyage.
良い旅を。
[yoi tabi wo]

Taxi

taxi	タクシー [takushī]
chauffeur de taxi	タクシー運転手 [takushī unten shu]
prendre un taxi	タクシーをひろう [takushī wo hirō]
arrêt de taxi	タクシー乗り場 [takushī noriba]
Où puis-je trouver un taxi?	どこでタクシーをひろえますか？ [doko de takushī wo hiroe masu ka ?]
appeler un taxi	タクシーを呼ぶ [takushī wo yobu]
Il me faut un taxi.	タクシーが必要です。 [takushī ga hitsuyō desu]
maintenant	今すぐ。 [ima sugu]
Quelle est votre adresse?	住所はどこですか？ [jūsho wa doko desu ka ?]
Mon adresse est …	私の住所は…です [watashi no jūsho wa … desu]
Votre destination?	どちらへ行かれますか？ [dochira e ikare masu ka ?]
Excusez-moi, …	すみません、… [sumimasen, …]
Vous êtes libre ?	乗ってもいいですか？ [nottemo ī desu ka ?]
Combien ça coûte pour aller à …?	…までいくらですか？ [… made ikura desu ka ?]
Vous savez où ça se trouve?	どこにあるかご存知ですか？ [doko ni aru ka gozonji desu ka ?]
À l'aéroport, s'il vous plaît.	空港へお願いします。 [kūkō e onegai shi masu]
Arrêtez ici, s'il vous plaît.	ここで止めてください。 [koko de tome te kudasai]
Ce n'est pas ici.	ここではありません。 [koko de wa ari masen]
C'est la mauvaise adresse.	その住所は間違っています。 [sono jūsho wa machigatte i masu]
tournez à gauche	左へ曲がって下さい [hidari e magatte kudasai]
tournez à droite	右へ曲がって下さい [migi e magatte kudasai]

Combien je vous dois?	いくらですか？ [ikura desu ka ?]
J'aimerais avoir un reçu, s'il vous plaît.	領収書を下さい。 [ryōshū sho wo kudasai]
Gardez la monnaie.	おつりはいりません。 [o tsuri hairi masen]

Attendez-moi, s'il vous plaît …	待っていて頂けますか？ [matte i te itadake masu ka?]
cinq minutes	5分 [go fun]
dix minutes	1 0分 [juppun]
quinze minutes	1 5分 [jyū go fun]
vingt minutes	2 0分 [nijuppun]
une demi-heure	3 0分 [sanjuppun]

Hôtel

Bonjour.	こんにちは。 [konnichiwa]
Je m'appelle ...	私の名前は…です [watashi no namae wa ... desu]
J'ai réservé une chambre.	予約をしました。 [yoyaku wo shi mashi ta]
Je voudrais ...	私は…が必要です [watashi wa ... ga hitsuyō desu]
une chambre simple	シングルルーム [shinguru rūmu]
une chambre double	ツインルーム [tsuin rūmu]
C'est combien?	いくらですか？ [ikura desu ka ?]
C'est un peu cher.	それは少し高いです。 [sore wa sukoshi takai desu]
Avez-vous autre chose?	他にも選択肢はありますか？ [hoka ni mo sentakushi wa ari masu ka ?]
Je vais la prendre.	それにします。 [sore ni shi masu]
Je vais payer comptant.	現金で払います。 [genkin de harai masu]
J'ai un problème.	困ったことがあります。 [komatta koto ga arimasu]
Mon ... est cassé /Ma ... est cassée/	私の…が壊れています。 [watashi no ... ga koware te i masu]
Mon /Ma/ ... ne fonctionne pas.	私の…が故障しています。 [watashi no ... ga koshō shi te i masu]
télé	テレビ [terebi]
air conditionné	エアコン [eakon]
robinet	蛇口 [jaguchi]
douche	シャワー [shawā]
évier	流し台 [nagashi dai]
coffre-fort	金庫 [kinko]

serrure de porte	錠 [jō]
prise électrique	電気のコンセント [dengen no konsento]
sèche-cheveux	ドライヤー [doraiyā]

Je n'ai pas ...	…がありません [… ga ari masen]
d'eau	水 [mizu]
de lumière	明かり [akari]
d'électricité	電気 [denki]

Pouvez-vous me donner ...?	…を頂けませんか？ [… wo itadake masenka ?]
une serviette	タオル [taoru]
une couverture	毛布 [mōfu]
des pantoufles	スリッパ [surippa]
une robe de chambre	バスローブ [basurōbu]
du shampoing	シャンプーを何本か [shanpū wo nannbon ka]
du savon	石鹸をいくつか [sekken wo ikutsu ka]

Je voudrais changer ma chambre.	部屋を変えたいのですが。 [heya wo kae tai no desu ga]
Je ne trouve pas ma clé.	鍵が見つかりません。 [kagi ga mitsukarimasenn]
Pourriez-vous ouvrir ma chambre, s'il vous plaît?	部屋を開けて頂けますか？ [heya wo ake te itadake masu ka ?]
Qui est là?	誰ですか？ [dare desu ka ?]
Entrez!	どうぞお入り下さい [dōzo o hairikudasai]
Une minute!	少々お待ち下さい！ [shōshō omachi kudasai !]
Pas maintenant, s'il vous plaît.	後にしてもらえますか。 [ato ni shi te morae masu ka]

Pouvez-vous venir à ma chambre, s'il vous plaît.	私の部屋に来て下さい。 [watashi no heya ni ki te kudasai]
J'aimerais avoir le service d'étage.	食事サービスをお願いしたい のですが。 [shokuji sābisu wo onegai shi tai no desu ga]

Mon numéro de chambre est le …

私の部屋の番号は…
[watashi no heya no bangō wa …]

Je pars …

チェックアウトします…
[tyekkuauto shi masu …]

Nous partons …

私たちはチェックアウトします…
[watashi tachi wa tyekkuauto shi masu …]

maintenant

今すぐ
[ima sugu]

cet après-midi

今日の午後
[kyō no gogo]

ce soir

今晩
[konban]

demain

明日
[ashita]

demain matin

明日の朝
[ashita no asa]

demain après-midi

明日の夕方
[ashita no yūgata]

après-demain

あさって
[asatte]

Je voudrais régler mon compte.

支払いをしたいのですが。
[shiharai wo shi tai no desu ga]

Tout était merveilleux.

何もかもがよかったです。
[nanimokamo ga yokatta desu]

Où puis-je trouver un taxi?

どこでタクシーをひろえますか？
[doko de takushī wo hiroe masu ka ?]

Pourriez-vous m'appeler un taxi,
s'il vous plaît?

タクシーを呼んでいただけますか？
[takushī wo yon de itadake masu ka ?]

Restaurant

Puis-je voir le menu, s'il vous plaît?
メニューを頂けますか？
[menyū wo itadake masu ka ?]

Une table pour une personne.
一人用の席をお願いします。
[hitori yō no seki wo onegai shimasu]

Nous sommes deux (trois, quatre).
2人（3人、4人）です。
[futari (san nin, yon nin) desu]

Fumeurs
喫煙
[kitsuen]

Non-fumeurs
禁煙
[kinen]

S'il vous plaît!
すみません！
[sumimasen !]

menu
メニュー
[menyū]

carte des vins
ワインリスト
[wain risuto]

Le menu, s'il vous plaît.
メニューを下さい。
[menyū wo kudasai]

Êtes-vous prêts à commander?
ご注文をお伺いしても
よろしいですか？
[go chūmon wo o ukagai shi te mo
yoroshī desu ka ?]

Qu'allez-vous prendre?
ご注文は何にしますか？
[go chūmon wa nani ni shi masu ka ?]

Je vais prendre ...
…を下さい。
[… wo kudasai]

Je suis végétarien.
私はベジタリアンです。
[watashi wa bejitarian desu]

viande
肉
[niku]

poisson
魚
[sakana]

légumes
野菜
[yasai]

Avez-vous des plats végétariens?
ベジタリアン向けの料理はありますか？
[bejitarian muke no ryōri
wa ari masu ka ?]

Je ne mange pas de porc.
私は豚肉を食べません。
[watashi wa butaniku o tabe masen]

Il /elle/ ne mange pas de viande. 彼 /彼女/ は肉を食べません。
[kare /kanojo/ wa niku o tabe masen]

Je suis allergique à … 私は…にアレルギーがあります
[watashi wa … ni arerugī ga ari masu]

Pourriez-vous m'apporter …, …を持ってきてもらえますか
s'il vous plaît. [… wo motte ki te morae masu ka]

le sel | le poivre | du sucre 塩 | 胡椒 | 砂糖
[shio | koshō | satō]

un café | un thé | un dessert コーヒー | お茶 | デザート
[kōhī | ocha | dezāto]

de l'eau | gazeuse | plate 水 | スパークリングウォーター | 真水
[mizu | supāku ringu wōtā | mamizu]

une cuillère | une fourchette | un couteau スプーン | フォーク | ナイフ
[supūn | fōku | naifu]

une assiette | une serviette プレート | ナプキン
[purēto | napukin]

Bon appétit! どうぞお召し上がりください
[dōzo omeshiagari kudasai]

Un de plus, s'il vous plaît. もう一つお願いします。
[mō hitotsu onegai shi masu]

C'était délicieux. とても美味しかったです。
[totemo oishikatta desu]

---

l'addition | de la monnaie | le pourboire 勘定 | おつり | チップ
[kanjō | o tsuri | chippu]

L'addition, s'il vous plaît. お勘定をお願いします。
[o kanjō wo onegai shi masu]

Puis-je payer avec la carte? カードで支払いができますか？
[kādo de shiharai ga deki masu ka ?]

Excusez-moi, je crois qu'il y a une すみません、間違いがあります。
erreur ici. [sumimasen, machigai ga ari masu]

Shopping. Faire les Magasins

Est-ce que je peux vous aider?	いらっしゃいませ。 [irasshai mase]
Avez-vous ... ?	…をお持ちですか？ [... wo o mochi desu ka ?]
Je cherche ...	…を探しています [... wo sagashi te i masu]
Il me faut ...	…が必要です [... ga hitsuyō desu]
Je regarde seulement, merci.	ただ見ているだけです。 [tada mi te iru dake desu]
Nous regardons seulement, merci.	私たちはただ見ているだけです。 [watashi tachi wa tada mi te iru dake desu]
Je reviendrai plus tard.	また後で来ます。 [mata atode ki masu]
On reviendra plus tard.	また後で来ます。 [mata atode ki masu]
Rabais | Soldes	値引き ｜ セール [nebiki | sēru]
Montrez-moi, s'il vous plaît ...	…を見せていただけますか [... wo mise te itadake masu ka]
Donnez-moi, s'il vous plaît ...	…をいただけますか [... wo itadake masu ka]
Est-ce que je peux l'essayer?	試着できますか？ [shichaku deki masu ka ?]
Excusez-moi, où est la cabine d'essayage?	すみません、試着室は どこですか？ [sumimasen, shichaku shitsu wa doko desu ka ?]
Quelle couleur aimeriez-vous?	どの色がお好みですか？ [dono iro ga o konomi desu ka ?]
taille | longueur	サイズ ｜ 長さ [saizu | naga sa]
Est-ce que la taille convient ?	サイズは合いましたか？ [saizu wa ai mashi ta ka ?]
Combien ça coûte?	これはいくらですか？ [kore wa ikura desu ka ?]
C'est trop cher.	高すぎます。 [takasugi masu]

Je vais le prendre.	これにします。 [kore ni shi masu]
Excusez-moi, où est la caisse?	すみません、どこで支払いますか？ [sumimasen, doko de shiharai masu ka ?]
Payerez-vous comptant ou par carte de crédit?	現金とクレジットカードのどちら でお支払いされますか？ [genkin to kurejittokādo no dochira de o shiharai sare masu ka ?]
Comptant | par carte de crédit	現金 | クレジットカード [genkin | kurejittokādo]

Voulez-vous un reçu?	レシートはお入り用ですか？ [reshīto ha oiriyō desu ka ?]
Oui, s'il vous plaît.	お願いします。 [onegai shi masu]
Non, ce n'est pas nécessaire.	いえ、結構です。 [ie, kekkō desu]
Merci. Bonne journée!	ありがとうございます。良い一日を！ [arigatō gozai masu. yoi ichi nichi wo !]

En ville

Excusez-moi, …	すみません、… [sumimasen, …]
Je cherche …	…を探しています [watashi wa … wo sagashi te i masu]
le métro	地下鉄 [chikatetsu]
mon hôtel	ホテル [hoteru]
le cinéma	映画館 [eiga kan]
un arrêt de taxi	タクシー乗り場 [takushī noriba]

un distributeur	ATM [ētīemu]
un bureau de change	両替所 [ryōgae sho]
un café internet	インターネットカフェ [intānetto kafe]
la rue …	…通り [… tōri]
cette place-ci	この場所 [kono basho]

Savez-vous où se trouve …?	…がどこにあるかご存知ですか？ [… ga doko ni aru ka gozonji desu ka ?]
Quelle est cette rue?	この通りの名前は何ですか？ [kono michi no namae wa nani desu ka ?]
Montrez-moi où sommes-nous, s'il vous plaît.	今どこにいるかを教えて下さい。 [ima doko ni iru ka wo oshie te kudasai]
Est-ce que je peux y aller à pied?	そこまで歩いて行けますか？ [soko made arui te ike masu ka ?]

Avez-vous une carte de la ville?	市内地図をお持ちですか？ [shinai chizu wo o mochi desu ka ?]

C'est combien pour un ticket?	チケットはいくらですか？ [chiketto wa ikura desu ka ?]
Est-ce que je peux faire des photos?	ここで写真を撮ってもいいですか？ [koko de shashin wo totte mo ī desu ka ?]
Êtes-vous ouvert?	開いていますか？ [hirai te i masu ka ?]

À quelle heure ouvrez-vous?

何時に開きますか？
[nan ji ni hiraki masu ka ?]

À quelle heure fermez-vous?

何時に閉まりますか？
[nan ji ni shimari masu ka ?]

L'argent

argent
お金
[okane]

argent liquide
現金
[genkin]

des billets
紙幣
[shihei]

petite monnaie
おつり
[o tsuri]

l'addition | de la monnaie | le pourboire
勘定 | おつり | チップ
[kanjō | o tsuri | chippu]

---

carte de crédit
クレジットカード
[kurejittokādo]

portefeuille
財布
[saifu]

acheter
買う
[kau]

payer
支払う
[shiharau]

amende
罰金
[bakkin]

gratuit
無料
[muryō]

Où puis-je acheter ... ?
…はどこで買えますか？
[… wa doko de kae masu ka ?]

Est-ce que la banque est ouverte en ce moment?
銀行は今開いていますか？
[ginkō wa ima hirai te i masu ka ?]

À quelle heure ouvre-t-elle?
いつ開きますか？
[itsu hiraki masu ka ?]

À quelle heure ferme-t-elle?
いつ閉まりますか？
[itsu shimari masu ka ?]

C'est combien?
いくらですか？
[ikura desu ka ?]

Combien ça coûte?
これはいくらですか？
[kore wa ikura desu ka ?]

C'est trop cher.
高すぎます。
[takasugi masu]

Excusez-moi, où est la caisse?
すみません、レジはどこですか？
[sumimasen, reji wa doko desu ka ?]

L'addition, s'il vous plaît.
勘定をお願いします。
[kanjō wo onegai shi masu]

Puis-je payer avec la carte?

カードで支払いができますか？
[kādo de shiharai ga deki masu ka ?]

Est-ce qu'il y a un distributeur ici?

ここにＡＴＭはありますか？
[kokoni ētīemu wa ari masu ka ?]

Je cherche un distributeur.

ＡＴＭを探しています。
[ētīemu wo sagashi te i masu]

Je cherche un bureau de change.

両替所を探しています。
[ryōgae sho wo sagashi te i masu]

Je voudrais changer …

両替をしたいのですが…
[ryōgae wo shi tai no desu ga…]

Quel est le taux de change?

為替レートはいくらですか？
[kawase rēto wa ikura desu ka ?]

Avez-vous besoin de mon passeport?

パスポートは必要ですか？
[pasupōto ha hituyō desu ka ?]

Le temps

Quelle heure est-il?	何時ですか？ [nan ji desu ka ?]
Quand?	いつですか？ [i tsu desu ka ?]
À quelle heure?	何時にですか？ [nan ji ni desu ka ?]
maintenant | plus tard | après ...	今 | 1後で | …の後 [ima |ato de | … no ato]

une heure	1時 [ichi ji]
une heure et quart	1時 15分 [ichi ji jyū go fun]
une heure et demie	1時半 [ichi ji han]
deux heures moins quart	1時45分 [ichi ji yon jyū go fun]

un | deux | trois	1 | 2 | 3 [ichi | ni | san]
quatre | cinq | six	4 | 5 | 6 [yonn | go |roku]
sept | huit | neuf	7 | 8 | 9 [shichi | hachi | kyū]
dix | onze | douze	1 0 | 1 1 | 1 2 [jyū | jyūichi | jyūni]

dans ...	…後 [… go]
cinq minutes	5分 [go fun]
dix minutes	10分 [juppun]
quinze minutes	15分 [jyū go fun]
vingt minutes	20分 [nijuppun]

une demi-heure	30分 [sanjuppun]
une heure	一時間 [ichi jikan]

dans la matinée	朝に [asa ni]
tôt le matin	早朝 [sōchō]
ce matin	今朝 [kesa]
demain matin	明日の朝 [ashita no asa]

à midi	ランチのときに [ranchi no toki ni]
dans l'après-midi	午後に [gogo ni]
dans la soirée	夕方 [yūgata]
ce soir	今夜 [konya]

la nuit	夜 [yoru]
hier	昨日 [kinō]
aujourd'hui	今日 [kyō]
demain	明日 [ashita]
après-demain	あさって [asatte]

Quel jour sommes-nous aujourd'hui?	今日は何曜日ですか？ [kyō wa nan yōbi desu ka ?]
Nous sommes …	…です [… desu]
lundi	月曜日 [getsuyōbi]
mardi	火曜日 [kayōbi]
mercredi	水曜日 [suiyōbi]

jeudi	木曜日 [mokuyōbi]
vendredi	金曜日 [kinyōbi]
samedi	土曜日 [doyōbi]
dimanche	日曜日 [nichiyōbi]

Salutations - Introductions

Bonjour.
こんにちは。
[konnichiwa]

Enchanté /Enchantée/
お会いできて嬉しいです。
[o aideki te ureshī desu]

Moi aussi.
こちらこそ。
[kochira koso]

Je voudrais vous présenter …
…さんに会わせていただきたいのですが
[… san ni awasete itadaki tai no desu ga]

Ravi /Ravie/ de vous rencontrer.
初めまして。
[hajime mashite]

Comment allez-vous?
お元気ですか？
[o genki desu ka ?]

Je m'appelle …
私の名前は…です
[watashi no namae wa … desu]

Il s'appelle …
彼の名前は…です
[kare no namae wa … desu]

Elle s'appelle …
彼女の名前は…です
[kanojo no namae wa … desu]

Comment vous appelez-vous?
お名前は何ですか？
[o namae wa nan desu ka ?]

Quel est son nom?
彼の名前は何ですか？
[kare no namae wa nan desu ka ?]

Quel est son nom?
彼女の名前は何ですか？
[kanojo no namae wa nan desu ka ?]

Quel est votre nom de famille?
苗字は何ですか？
[myōji wa nan desu ka ?]

Vous pouvez m'appeler …
…と呼んで下さい
[… to yon de kudasai]

D'où êtes-vous?
ご出身はどちらですか？
[go shusshin wa dochira desu ka ?]

Je suis de …
…の出身です
[… no shusshin desu]

Qu'est-ce que vous faites dans la vie?
お仕事は何をされていますか？
[o shigoto wa nani wo sare te i masu ka ?]

Qui est-ce?
誰ですか？
[dare desu ka ?]

Qui est-il?
彼は誰ですか？
[kare wa dare desu ka ?]

Qui est-elle?
彼女は誰ですか？
[kanojo wa dare desu ka ?]

Qui sont-ils?
彼らは誰ですか？
[karera wa dare desu ka ?]

C'est …	こちらは… [kochira wa …]
mon ami	私の友達です [watashi no tomodachi desu]
mon amie	私の友達です [watashi no tomodachi desu]
mon mari	私の主人です [watashi no shujin desu]
ma femme	私の妻です [watashi no tsuma desu]
mon père	私の父です [watashi no chichi desu]
ma mère	私の母です [watashi no haha desu]
mon frère	私の兄です [watashi no ani desu]
ma sœur	私の妹です [watashi no imōto desu]
mon fils	私の息子です [watashi no musuko desu]
ma fille	私の娘です [watashi no musume desu]
C'est notre fils.	私たちの息子です。 [watashi tachi no musuko desu]
C'est notre fille.	私たちの娘です。 [watashi tachi no musume desu]
Ce sont mes enfants.	私の子供です。 [watashi no kodomo desu]
Ce sont nos enfants.	私たちの子供です。 [watashi tachi no kodomo desu]

Les adieux

Au revoir!
さようなら！
[sayōnara !]

Salut!
じゃあね！
[jā ne !]

À demain.
また明日。
[mata ashita]

À bientôt.
またね。
[mata ne]

On se revoit à sept heures.
7時に会おう。
[shichi ji ni ao u]

Amusez-vous bien!
楽しんでね！
[tanoshin de ne !]

On se voit plus tard.
じゃあ後で。
[jā atode]

Bonne fin de semaine.
良い週末を。
[yoi shūmatsu wo]

Bonne nuit.
お休みなさい。
[o yasuminasai]

Il est l'heure que je parte.
もう時間です。
[mō jikan desu]

Je dois m'en aller.
もう行かなければなりません。
[mō ika nakere ba nari masen]

Je reviens tout de suite.
すぐ戻ります。
[sugu modori masu]

Il est tard.
もう遅いです。
[mō osoi desu]

Je dois me lever tôt.
早く起きなければいけません。
[hayaku oki nakere ba ike masen]

Je pars demain.
明日出発します。
[ashita shuppatsu shi masu]

Nous partons demain.
私たちは明日出発します。
[watashi tachi wa ashita shuppatsu shi masu]

Bon voyage!
旅行を楽しんで下さい！
[ryokō wo tanoshin de kudasai !]

Enchanté de faire votre connaissance.
お会いできて嬉しかったです。
[o shiriai ni nare te uresikatta desu]

Heureux /Heureuse/ d'avoir
parlé avec vous.
お話できて良かったです。
[ohanashi deki te yokatta desu]

Merci pour tout.
色々とありがとうございました。
[iroiro to arigatō gozai mashi ta]

Je me suis vraiment amusé /amusée/
とても楽しかったです。
[totemo tanoshikatta desu]

Nous nous sommes vraiment
amusés /amusées/
とても楽しかったです。
[totemo tanoshikatta desu]

C'était vraiment plaisant.
とても楽しかった。
[totemo tanoshikatta]

Vous allez me manquer.
寂しくなります。
[sabishiku nari masu]

Vous allez nous manquer.
寂しくなります。
[sabishiku nari masu]

Bonne chance!
幸運を祈るよ！
[kōun wo inoru yo !]

Mes salutations à …
…に宜しくお伝え下さい。
[… ni yoroshiku otsutae kudasai]

Une langue étrangère

Je ne comprends pas.
分かりません。
[wakari masen]

Écrivez-le, s'il vous plaît.
それを書いて頂けますか？
[sore wo kai te itadake masu ka ?]

Parlez-vous ...?
…語で話せますか？
[… go de hanase masu ka ?]

Je parle un peu ...
…を少し話せます
[...wo sukoshi hanase masu]

anglais
英語
[eigo]

turc
トルコ語
[toruko go]

arabe
アラビア語
[arabia go]

français
フランス語
[furansu go]

allemand
ドイツ語
[doitsu go]

italien
イタリア語
[itaria go]

espagnol
スペイン語
[supein go]

portugais
ポルトガル語
[porutogaru go]

chinois
中国語
[chūgoku go]

japonais
日本語
[nihon go]

Pouvez-vous le répéter, s'il vous plaît.
もう一度言っていただけますか。
[mōichido itte itadake masuka]

Je comprends.
分かりました。
[wakari mashi ta]

Je ne comprends pas.
分かりません。
[wakari masen]

Parlez plus lentement, s'il vous plaît.
もう少しゆっくり話して下さい。
[mōsukoshi yukkuri hanashi te kudasai]

Est-ce que c'est correct?
これで合っていますか？
[kore de atte i masu ka ?]

Qu'est-ce que c'est?
これは何ですか？
[kore wa nan desu ka ?]

Les excuses

Excusez-moi, s'il vous plaît.　　　すみませんがお願いします。
[sumimasen ga onegai shi masu]

Je suis désolé /désolée/　　　ごめんなさい。
[gomennasai]

Je suis vraiment /désolée/　　　本当にごめんなさい。
[hontōni gomennasai]

Désolé /Désolée/, c'est ma faute.　　　ごめんなさい、私のせいです。
[gomennasai, watashi no sei desu]

Au temps pour moi.　　　私の間違いでした。
[watashi no machigai deshi ta]

Puis-je ... ?　　　…してもいいですか？
[... shi te mo ī desu ka ?]

Ça vous dérange si je ...?　　　…してもよろしいですか？
[... shi te mo yoroshī desu ka ?]

Ce n'est pas grave.　　　構いません。
[kamai masen]

Ça va.　　　大丈夫です。
[daijōbu desu]

Ne vous inquiétez pas.　　　それについては心配しないで下さい。
[sore ni tuitewa shinpai shi nai
de kudasai]

Les accords

Oui	はい。 [hai]
Oui, bien sûr.	はい、もちろん。 [hai, mochiron]
Bien.	わかりました。 [wakari mashi ta]
Très bien.	いいですよ。 [ī desuyo]
Bien sûr!	もちろん！ [mochiron !]
Je suis d'accord.	賛成です。 [sansei desu]
C'est correct.	それは正しい。 [sore wa tadashī]
C'est exact.	それは正しい。 [sore wa tadashī]
Vous avez raison.	あなたは合っています。 [anata wa atte imasu]
Je ne suis pas contre.	気にしていません。 [kinisite imasen]
Tout à fait correct.	完全に正しいです。 [kanzen ni tadashī desu]
C'est possible.	それは可能です。 [sore wa kanō desu]
C'est une bonne idée.	それはいい考えです。 [sore wa ī kangae desu]
Je ne peux pas dire non.	断ることができません。 [kotowaru koto ga deki masen]
J'en serai ravi /ravie/	喜んで。 [yorokon de]
Avec plaisir.	喜んで。 [yorokon de]

Refus, exprimer le doute

Non

いいえ。
[īe]

Absolument pas.

もちろん、違います。
[mochiron, chigai masu]

Je ne suis pas d'accord.

賛成できません。
[sansei deki masen]

Je ne le crois pas.

そうは思いません。
[sō wa omoi masen]

Ce n'est pas vrai.

それは事実ではありません。
[sore wa jijitsu de wa ari masen]

Vous avez tort.

あなたは間違っています。
[anata wa machigatte i masu]

Je pense que vous avez tort.

あなたは間違っていると思います。
[anata wa machigatte iru to omoi masu]

Je ne suis pas sûr /sûre/

わかりません。
[wakari masen]

C'est impossible.

それは不可能です。
[sore wa fukanō desu]

Pas du tout!

まさか！
[masaka !]

Au contraire!

全く反対です。
[mattaku hantai desu]

Je suis contre.

反対です。
[hantai desu]

Ça m'est égal.

構いません。
[kamai masen]

Je n'ai aucune idée.

全く分かりません。
[mattaku wakari masen]

Je doute que cela soit ainsi.

それはどうでしょう。
[sore wa dō desyō]

Désolé /Désolée/, je ne peux pas.

申し訳ありませんが、できません。
[mōshiwake arimasenga, deki masen]

Désolé /Désolée/, je ne veux pas.

申し訳ありませんが、遠慮させて
いただきたいのです。
[mōshiwake arimasenga,ennryosasete
itadakitai no desu]

Merci, mais ça ne m'intéresse pas.

ありがとうございます。でもそれは
必要ではありません。
[arigatō gozai masu. demo sore wa
hitsuyō de wa ari masen]

Il se fait tard.

もう遅いです。
[mõ osoi desu]

Je dois me lever tôt.

早く起きなければいけません。
[hayaku oki nakere ba ike masen]

Je ne me sens pas bien.

気分が悪いのです。
[kibun ga warui nodesu]

Exprimer la gratitude

Merci.
ありがとうございます。
[arigatō gozai masu]

Merci beaucoup.
どうもありがとうございます。
[dōmo arigatō gozai masu]

Je l'apprécie beaucoup.
本当に感謝しています。
[hontōni kansha shi te i masu]

Je vous suis très reconnaissant.
あなたに本当に感謝しています。
[anata ni hontōni kansha shi te i masu]

Nous vous sommes très reconnaissant.
私たちはあなたに本当に
感謝しています。
[watashi tachi wa anata ni hontōni
kansha shi te i masu]

Merci pour votre temps.
お時間を頂きましてありがとう
ございました。
[o jikan wo itadaki mashi te arigatō
gozai mashi ta]

Merci pour tout.
何もかもありがとうございました。
[nanimokamo arigatō gozai mashi ta]

Merci pour ...
…をありがとうございます
[… wo arigatō gozai masu]

votre aide
助けて頂いて
[tasuke te itadai te]

les bons moments passés
すばらしい時間
[subarashī jikan]

un repas merveilleux
素敵なお料理
[suteki na o ryōri]

cette agréable soirée
楽しい夜
[tanoshī yoru]

cette merveilleuse journée
素晴らしい 1日
[subarashī ichinichi]

une excursion extraordinaire
楽しい旅
[tanoshī tabi]

Il n'y a pas de quoi.
どういたしまして。
[dōitashimashite]

Vous êtes les bienvenus.
どういたしまして。
[dōitashimashite]

Mon plaisir.
いつでもどうぞ。
[itsu demo dōzo]

J'ai été heureux /heureuse/
de vous aider.
どういたしまして。
[dōitashimashite]

Ça va. N'y pensez plus.

忘れて下さい。
[wasure te kudasai]

Ne vous inquiétez pas.

心配しないで下さい。
[shinpai shi nai de kudasai]

Félicitations. Vœux de fête

Félicitations!	おめでとうございます！ [omedetō gozai masu !]
Joyeux anniversaire!	お誕生日おめでとうございます！ [o tanjō bi omedetō gozai masu !]
Joyeux Noël!	メリークリスマス！ [merīkurisumasu !]
Bonne Année!	新年明けましておめでとう ございます！ [shinnen ake mashi te omedetō gozai masu !]

Joyeuses Pâques!	イースターおめでとうございます！ [īsutā omedetō gozai masu !]
Joyeux Hanoukka!	ハヌカおめでとうございます！ [hanuka omedetō gozai masu !]

Je voudrais proposer un toast.	乾杯をあげたいです。 [kanpai wo age tai desu]
Santé!	乾杯！ [kanpai !]
Buvons à ...!	…のために乾杯しましょう！ [… no tame ni kanpai shi masho u !]
À notre succès!	我々の成功のために！ [wareware no seikō no tame ni !]
À votre succès!	あなたの成功のために！ [anata no seikō no tame ni !]

Bonne chance!	幸運を祈るよ！ [kōun wo inoru yo !]
Bonne journée!	良い一日をお過ごし下さい！ [yoi ichi nichi wo osugoshi kudasai !]
Passez de bonnes vacances !	良い休日をお過ごし下さい！ [yoi kyūjitsu wo osugoshi kudasai !]
Bon voyage!	道中ご無事で！ [dōtyū gobujide!]
Rétablissez-vous vite.	早く良くなるといいですね！ [hayaku yoku naru to ī desu ne !]

Socialiser

Pourquoi êtes-vous si triste?	なぜ悲しいのですか？ [naze kanashī no desu ka ?]
Souriez!	笑って！　元気を出してください！ [waratte ! genki wo dashite kudasai !]
Êtes-vous libre ce soir?	今夜あいていますか？ [konya ai te i masu ka ?]
Puis-je vous offrir un verre?	何か飲みますか？ [nani ka nomi masu ka ?]
Voulez-vous danser?	踊りませんか？ [odori masen ka ?]
Et si on va au cinéma?	映画に行きましょう。 [eiga ni iki masho u]
Puis-je vous inviter ...	…へ誘ってもいいですか？ [… e sasotte mo ī desu ka ?]
au restaurant	レストラン [resutoran]
au cinéma	映画 [eiga]
au théâtre	劇場 [gekijō]
pour une promenade	散歩 [sanpo]
À quelle heure?	何時に？ [nan ji ni ?]
ce soir	今晩 [konban]
à six heures	6時 [roku ji]
à sept heures	7時 [shichi ji]
à huit heures	8時 [hachi ji]
à neuf heures	9時 [kyū ji]
Est-ce que vous aimez cet endroit?	ここが好きですか？ [koko ga suki desu ka ?]
Êtes-vous ici avec quelqu'un?	ここで誰かと一緒ですか？ [koko de dare ka to issyodesu ka ?]
Je suis avec mon ami.	友達と一緒です。 [tomodachi to issho desu]

Je suis avec mes amis.	友人たちと一緒です。 [yūjin tachi to issho desu]
Non, je suis seul /seule/	いいえ、一人です。 [īe, hitori desu]

As-tu un copain?	彼氏いるの？ [kareshi iru no ?]
J'ai un copain.	私は彼氏がいます。 [watashi wa kareshi ga i masu]
As-tu une copine?	彼女いるの？ [kanojo iru no ?]
J'ai une copine.	私は彼女がいます。 [watashi wa kanojo ga i masu]

Est-ce que je peux te revoir?	また会えるかな？ [mata aeru ka na ?]
Est-ce que je peux t'appeler?	電話してもいい？ [denwa shi te mo ī ?]
Appelle-moi.	電話してね。 [denwa shi te ne]
Quel est ton numéro?	電話番号は？ [denwa bangō wa ?]
Tu me manques.	寂しくなるよ。 [sabishiku naru yo]

Vous avez un très beau nom.	綺麗なお名前ですね。 [kirei na o namae desu ne]
Je t'aime.	愛しているよ。 [aishi te iru yo]
Veux-tu te marier avec moi?	結婚しようか [kekkon shiyo u ka]
Vous plaisantez!	冗談でしょう！ [jōdan dessyō!]
Je plaisante.	冗談だよ。 [jōdan da yo]

Êtes-vous sérieux /sérieuse/?	本気ですか？ [honki desuka ?]
Je suis sérieux /sérieuse/	本気です。 [honki desu]
Vraiment?!	本当ですか？！ [hontō desu ka ?!]
C'est incroyable!	信じられません！ [shinjirare masen !]
Je ne vous crois pas.	あなたは信じられません。 [anata wa shinzirare masen]
Je ne peux pas.	私にはできません。 [watashi ni wa deki masen]
Je ne sais pas.	わかりません。 [wakari masen]
Je ne vous comprends pas	おっしゃることが分かりません。 [ossharu koto ga wakari masen]

Laissez-moi! Allez-vous-en!

出ていって下さい。
[de te itte kudasai]

Laissez-moi tranquille!

ほっといて下さい！
[hottoi te kudasai !]

Je ne le supporte pas.

彼には耐えられない。
[kare ni wa taerare nai]

Vous êtes dégoûtant!

いやな人ですね！
[iyana hito desu ne !]

Je vais appeler la police!

警察を呼びますよ！
[keisatsu wo yobi masuyo !]

Partager des impressions. Émotions

J'aime ça.
これが好きです。
[kore ga suki desu]

C'est gentil.
とても素晴らしい。
[totemo subarashī]

C'est super!
それはすばらしいです！
[sore wa subarashī desu !]

C'est assez bien.
それは悪くはないです。
[sore wa waruku wa nai desu]

Je n'aime pas ça.
それが好きではありません。
[sore ga suki de wa ari masen]

Ce n'est pas bien.
それはよくないです。
[sore wa yoku nai desu]

C'est mauvais.
それはひどいです。
[sore wa hidoi desu]

Ce n'est pas bien du tout.
それはとてもひどいです。
[sore wa totemo hidoi desu]

C'est dégoûtant.
それは最悪です。
[sore wa saiaku desu]

Je suis content /contente/
幸せです。
[shiawase desu]

Je suis heureux /heureuse/
満足しています。
[manzoku shi te i masu]

Je suis amoureux /amoureuse/
好きな人がいます。
[suki na hito ga i masu]

Je suis calme.
冷静です。
[reisei desu]

Je m'ennuie.
退屈です。
[taikutsu desu]

Je suis fatigué /fatiguée/
疲れています。
[tsukare te i masu]

Je suis triste.
悲しいです。
[kanashī desu]

J'ai peur.
怖いです。
[kowai desu]

Je suis fâché /fâchée/
腹が立ちます。
[haraga tachi masu]

Je suis inquiet /inquiète/
心配しています。
[shinpai shi te i masu]

Je suis nerveux /nerveuse/
緊張しています。
[kinchō shi te i masu]

Je suis jaloux /jalouse/　　　　　　嫉妬しています。
　　　　　　　　　　　　　　　　[shitto shi te i masu]

Je suis surpris /surprise/　　　　　驚いています。
　　　　　　　　　　　　　　　　[odoroi te i masu]

Je suis gêné /gênée/　　　　　　　恥ずかしいです。
　　　　　　　　　　　　　　　　[hazukashī desu]

Problèmes. Accidents

J'ai un problème.
困っています。
[komatte imasu]

Nous avons un problème.
困っています。
[komatte imasu]

Je suis perdu /perdue/
道に迷いました。
[michi ni mayoi mashi ta]

J'ai manqué le dernier bus (train).
最終バス（電車）を逃しました。
[saishūbasu (densha) wo nogashi mashi ta]

Je n'ai plus d'argent.
もうお金がありません。
[mō okane ga ari masen]

J'ai perdu mon ...
…を失くしました
[... wo nakushi mashi ta]

On m'a volé mon ...
…を盗まれました
[... wo nusumare mashi ta]

passeport
パスポート
[pasupōto]

portefeuille
財布
[saifu]

papiers
書類
[shorui]

billet
切符
[kippu]

argent
お金
[okane]

sac à main
ハンドバック
[handobakku]

appareil photo
カメラ
[kamera]

portable
ノートパソコン
[nōto pasokon]

ma tablette
タブレット型コンピューター
[taburetto gata konpyūtā]

mobile
携帯電話
[keitai denwa]

Au secours!
助けて下さい！
[tasuke te kudasai !]

Qu'est-il arrivé?
どうしましたか？
[dō shi mashi ta ka ?]

un incendie	火災 [kasai]
des coups de feu	発砲 [happō]
un meurtre	殺人 [satsujin]
une explosion	爆発 [bakuhatsu]
une bagarre	けんか [kenka]

Appelez la police!	警察を呼んで下さい！ [keisatsu wo yon de kudasai !]
Dépêchez-vous, s'il vous plaît!	急いで下さい！ [isoi de kudasai !]
Je cherche le commissariat de police.	警察署を探しています。 [keisatsu sho wo sagashi te imasu]
Il me faut faire un appel.	電話をしなければなりません。 [denwa wo shi nakere ba nari masen]
Puis-je utiliser votre téléphone?	お電話をお借りしても良いですか？ [o denwa wo o karishi te mo ī desu ka ?]

J'ai été …	…されました [… sare mashi ta]
agressé /agressée/	強盗 [gōtō]
volé /volée/	盗まれる [nusumareru]
violée	レイプ [reipu]
attaqué /attaquée/	暴行される [bōkō sareru]

Est-ce que ça va?	大丈夫ですか？ [daijōbu desu ka ?]
Avez-vous vu qui c'était?	誰が犯人か見ましたか？ [dare ga hanninn ka mi mashi ta ka ?]
Pourriez-vous reconnaître cette personne?	その人がどんな人か 分かりますか？ [sono hito ga donna hito ka wakari masu ka ?]
Vous êtes sûr?	本当に大丈夫ですか？ [hontōni daijōbu desu ka ?]

Calmez-vous, s'il vous plaît.	落ち着いて下さい。 [ochitsui te kudasai]
Calmez-vous!	気楽に！ [kiraku ni !]
Ne vous inquiétez pas.	心配しないで！ [shinpai shi nai de !]
Tout ira bien.	大丈夫ですから。 [daijōbu desu kara]

Ça va. Tout va bien.

大丈夫ですから。
[daijōbu desu kara]

Venez ici, s'il vous plaît.

こちらに来て下さい。
[kochira ni ki te kudasai]

J'ai des questions à vous poser.

いくつかお伺いしたいことがあります。
[ikutuka o ukagai shi tai koto ga ari masu]

Attendez un moment, s'il vous plaît.

少しお待ち下さい。
[sukoshi omachi kudasai]

Avez-vous une carte d'identité?

身分証明書はお持ちですか？
[mibun shōmei sho wa o mochi desu ka ?]

Merci. Vous pouvez partir maintenant.

ありがとうございます。もう
行っていいですよ。
[arigatō gozai masu. mō
itte ī desuyo]

Les mains derrière la tête!

両手を頭の後ろで組みなさい！
[ryōute wo atama
no ushiro de kuminasai !]

Vous êtes arrêté!

逮捕します
[taiho shi masu]

Problèmes de santé

Aidez-moi, s'il vous plaît.	助けて下さい。 [tasuke te kudasai]
Je ne me sens pas bien.	気分が悪いのです。 [kibun ga warui nodesu]
Mon mari ne se sent pas bien.	主人の具合が悪いのです。 [shujin no guai ga warui no desu]
Mon fils ...	息子の… [musuko no …]
Mon père ...	父の… [chichi no …]

Ma femme ne se sent pas bien.	妻の具合が悪いのです。 [tsuma no guai ga warui no desu]
Ma fille ...	娘の… [musume no …]
Ma mère ...	母の… [haha no …]

J'ai mal ...	…がします [… ga shi masu]
à la tête	頭痛 [zutsū]
à la gorge	喉が痛い [nodo ga itai]
à l'estomac	腹痛 [fukutsū]
aux dents	歯痛 [shitsū]

J'ai le vertige.	めまいがします。 [memai ga shi masu]
Il a de la fièvre.	彼は熱があります。 [kare wa netsu ga ari masu]
Elle a de la fièvre.	彼女は熱があります。 [kanojo wa netsu ga ari masu]
Je ne peux pas respirer.	息ができません。 [iki ga deki masen]

J'ai du mal à respirer.	息切れがします。 [ikigire ga shi masu]
Je suis asthmatique.	喘息です。 [zensoku desu]
Je suis diabétique.	糖尿病です。 [tōnyō byō desu]

Je ne peux pas dormir.	不眠症です。 [huminsyō desu]
intoxication alimentaire	食中毒 [shokuchūdoku]

Ça fait mal ici.	ここが痛いです。 [koko ga itai desu]
Aidez-moi!	助けて下さい！ [tasuke te kudasai !]
Je suis ici!	ここにいます！ [koko ni i masu !]
Nous sommes ici!	私たちはここにいます！ [watashi tachi wa koko ni i masu !]
Sortez-moi d'ici!	ここから出して下さい！ [koko kara dashi te kudasai !]
J'ai besoin d'un docteur.	医者に診せる必要があります。 [isha ni miseru hituyō ga arimasu]
Je ne peux pas bouger!	動けません！ [ugoke masen !]
Je ne peux pas bouger mes jambes.	足が動きません。 [ashi ga ugoki masen]

Je suis blessé /blessée/	傷があります。 [kizu ga ari masu]
Est-ce que c'est sérieux?	それは重傷ですか？ [sore wa jūsyō desu ka ?]
Mes papiers sont dans ma poche.	私に関する書類はポケットに入っています。 [watashi nikansuru shorui wa poketto ni haitte i masu]
Calmez-vous!	落ち着いて下さい！ [ochitsui te kudasai !]
Puis-je utiliser votre téléphone?	お電話をお借りしても良いですか？ [o denwa wo o karishi te mo ī desu ka ?]

Appelez une ambulance!	救急車を呼んで下さい！ [kyūkyū sha wo yon de kudasai !]
C'est urgent!	緊急です！ [kinkyū desu !]
C'est une urgence!	緊急です！ [kinkyū desu !]
Dépêchez-vous, s'il vous plaît!	急いで下さい！ [isoi de kudasai !]
Appelez le docteur, s'il vous plaît.	医者を呼んでいただけますか？ [isha wo yon de itadake masu ka ?]
Où est l'hôpital?	病院はどこですか？ [byōin wa doko desu ka ?]

Comment vous sentez-vous?	ご気分はいかがですか？ [gokibun wa ikaga desu ka ?]
Est-ce que ça va?	大丈夫ですか？ [daijōbu desu ka ?]

Qu'est-il arrivé?	どうしましたか？ [dō shi mashi ta ka ?]
Je me sens mieux maintenant.	もう気分が良くなりました。 [mō kibun ga yoku narimashita]
Ça va. Tout va bien.	大大夫です。 [daijōbu desu]
Ça va.	大大夫です。 [daijōbu desu]

À la pharmacie

pharmacie	薬局 [yakkyoku]
pharmacie 24 heures	２４時間営業の薬局 [nijyū yo jikan eigyō no yakkyoku]
Où se trouve la pharmacie la plus proche?	一番近くの薬局はどこですか？ [ichiban chikaku no yakkyoku wa doko desu ka ?]

Est-elle ouverte en ce moment?	今開いていますか？ [ima ai te i masu ka ?]
À quelle heure ouvre-t-elle?	何時に開きますか？ [nan ji ni aki masu ka ?]
à quelle heure ferme-t-elle?	何時に閉まりますか？ [nan ji ni shimari masu ka ?]

C'est loin?	遠いですか？ [tōi desu ka ?]
Est-ce que je peux y aller à pied?	そこまで歩いて行けますか？ [soko made arui te ike masu ka ?]
Pouvez-vous me le montrer sur la carte?	地図で教えて頂けますか？ [chizu de oshie te itadake masu ka ?]

Pouvez-vous me donner quelque chose contre ...	何か…に効くものを下さい [nani ka ... ni kiku mono wo kudasai]
le mal de tête	頭痛 [zutsū]
la toux	咳 [seki]
le rhume	風邪 [kaze]
la grippe	インフルエンザ [infuruenza]

la fièvre	発熱 [hatsunetsu]
un mal d'estomac	胃痛 [itsū]
la nausée	吐き気 [hakike]
la diarrhée	下痢 [geri]
la constipation	便秘 [benpi]

un mal de dos	腰痛 [yōtsū]
les douleurs de poitrine	胸痛 [kyōtsū]
les points de côté	脇腹の痛み [wakibara no itami]
les douleurs abdominales	腹痛 [fukutsū]

une pilule	薬 [kusuri]
un onguent, une crème	軟膏、クリーム [nankō, kurīmu]
un sirop	シロップ [shiroppu]
un spray	スプレー [supurē]
les gouttes	目薬 [megusuri]

Vous devez allez à l'hôpital.	病院に行かなくてはなりません。 [byōin ni ika naku te wa nari masen]
assurance maladie	健康保険 [kenkō hoken]
prescription	処方箋 [shohōsen]
produit anti-insecte	虫除け [mushiyoke]
bandages adhésifs	絆創膏 [bansōkō]

Les essentiels

Excusez-moi, …	すみません、… [sumimasen, …]
Bonjour	こんにちは。 [konnichiwa]
Merci	ありがとうございます。 [arigatō gozai masu]
Au revoir	さようなら。 [sayōnara]
Oui	はい。 [hai]
Non	いいえ。 [īe]
Je ne sais pas.	わかりません。 [wakari masen]
Où? | Où? | Quand?	どこ？ | どこへ？ | いつ？ [doko ? | doko e ? | i tsu ?]
J'ai besoin de …	…が必要です [… ga hitsuyō desu]
Je veux …	したいです [shi tai desu]
Avez-vous … ?	…をお持ちですか？ [… wo o mochi desu ka ?]
Est-ce qu'il y a … ici?	ここには…がありますか？ [koko ni wa … ga ari masu ka ?]
Puis-je … ?	…してもいいですか？ [… shi te mo ī desu ka ?]
s'il vous plaît (pour une demande)	お願いします。 [onegai shi masu]
Je cherche …	…を探しています [… wo sagashi te i masu]
les toilettes	トイレ [toire]
un distributeur	ATM [ētīemu]
une pharmacie	薬局 [yakkyoku]
l'hôpital	病院 [byōin]
le commissariat de police	警察 [keisatsu]
une station de métro	地下鉄 [chikatetsu]

un taxi	タクシー [takushī]
la gare	駅 [eki]

Je m'appelle ...	私は…と申します [watashi wa ... to mōshi masu]
Comment vous appelez-vous?	お名前は何ですか？ [o namae wa nan desu ka ?]
Aidez-moi, s'il vous plaît.	助けていただけますか？ [tasuke te itadake masu ka ?]
J'ai un problème.	困ったことがあります。 [komatta koto ga arimasu]
Je ne me sens pas bien.	気分が悪いのです。 [kibun ga warui nodesu]
Appelez une ambulance!	救急車を呼んで下さい！ [kyūkyū sha wo yon de kudasai !]
Puis-je faire un appel?	電話をしてもいいですか？ [denwa wo shi te mo ī desu ka ?]

Excusez-moi.	ごめんなさい。 [gomennasai]
Je vous en prie.	どういたしまして。 [dōitashimashite]

je, moi	私 [watashi]
tu, toi	君 [kimi]
il	彼 [kare]
elle	彼女 [kanojo]
ils	彼ら [karera]
elles	彼女たち [kanojotachi]
nous	私たち [watashi tachi]
vous	君たち [kimi tachi]
Vous	あなた [anata]

ENTRÉE	入り口 [iriguchi]
SORTIE	出口 [deguchi]
HORS SERVICE | EN PANNE	故障中 [koshō chū]
FERMÉ	休業中 [kyūgyō chū]

OUVERT

営業中
[eigyō chū]

POUR LES FEMMES

女性用
[josei yō]

POUR LES HOMMES

男性用
[dansei yō]

DICTIONNAIRE CONCIS

Cette section contient plus
de 1500 mots les plus utilisés.
Le dictionnaire inclut beaucoup
de termes gastronomiques
et peut être utile lorsque
vous faites le marché
ou commandez des plats
au restaurant

T&P Books Publishing

CONTENU DU DICTIONNAIRE

T&P Books Publishing

1. Le temps. Le calendrier

temps (m)	時間	jikan
heure (f)	時間	jikan
demi-heure (f)	３０分	san jū fun
minute (f)	分	fun, pun
seconde (f)	秒	byō
aujourd'hui (adv)	今日	kyō
demain (adv)	明日	ashita
hier (adv)	昨日	kinō
lundi (m)	月曜日	getsuyōbi
mardi (m)	火曜日	kayōbi
mercredi (m)	水曜日	suiyōbi
jeudi (m)	木曜日	mokuyōbi
vendredi (m)	金曜日	kinyōbi
samedi (m)	土曜日	doyōbi
dimanche (m)	日曜日	nichiyōbi
jour (m)	日	nichi
jour (m) ouvrable	営業日	eigyōbi
jour (m) férié	公休	kōkyū
week-end (m)	週末	shūmatsu
semaine (f)	週	shū
la semaine dernière	先週	senshū
la semaine prochaine	来週	raishū
lever (m) du soleil	日の出	hinode
coucher (m) du soleil	夕日	yūhi
le matin	朝に	asa ni
dans l'après-midi	午後に	gogo ni
le soir	夕方に	yūgata ni
ce soir	今夜	konya
la nuit	夜に	yoru ni
minuit (f)	真夜中	mayonaka
janvier (m)	一月	ichigatsu
février (m)	二月	nigatsu
mars (m)	三月	sangatsu
avril (m)	四月	shigatsu
mai (m)	五月	gogatsu
juin (m)	六月	rokugatsu
juillet (m)	七月	shichigatsu
août (m)	八月	hachigatsu

septembre (m)	九月	kugatsu
octobre (m)	十月	jūgatsu
novembre (m)	十一月	jūichigatsu
décembre (m)	十二月	jūnigatsu
au printemps	春に	haru ni
en été	夏に	natsu ni
en automne	秋に	aki ni
en hiver	冬に	fuyu ni
mois (m)	月	tsuki
saison (f)	季節	kisetsu
année (f)	年	nen
siècle (m)	世紀	seiki

2. Nombres. Adjectifs numéraux

chiffre (m)	桁数	keta sū
nombre (m)	数字	sūji
moins (m)	負号	fugō
plus (m)	正符号	sei fugō
somme (f)	合計	gōkei
premier (adj)	第一の	dai ichi no
deuxième (adj)	第二の	dai ni no
troisième (adj)	第三の	dai san no
zéro	ゼロ	zero
un	一	ichi
deux	二	ni
trois	三	san
quatre	四	yon
cinq	五	go
six	六	roku
sept	七	nana
huit	八	hachi
neuf	九	kyū
dix	十	jū
onze	十一	jū ichi
douze	十二	jū ni
treize	十三	jū san
quatorze	十四	jū yon
quinze	十五	jū go
seize	十六	jū roku
dix-sept	十七	jū shichi
dix-huit	十八	jū hachi
dix-neuf	十九	jū kyū

vingt	二十	ni jū
trente	三十	san jū
quarante	四十	yon jū
cinquante	五十	go jū
soixante	六十	roku jū
soixante-dix	七十	nana jū
quatre-vingts	八十	hachi jū
quatre-vingt-dix	九十	kyū jū
cent	百	hyaku
deux cents	二百	ni hyaku
trois cents	三百	san byaku
quatre cents	四百	yon hyaku
cinq cents	五百	go hyaku
six cents	六百	roppyaku
sept cents	七百	nana hyaku
huit cents	八百	happyaku
neuf cents	九百	kyū hyaku
mille	千	sen
dix mille	一万	ichiman
cent mille	１０万	jyūman
million (m)	百万	hyakuman
milliard (m)	十億	jūoku

3. L'être humain. La famille

homme (m)	男性	dansei
jeune homme (m)	若者	wakamono
adolescent (m)	ティーンエージャー	tīnējā
femme (f)	女性	josei
jeune fille (f)	少女	shōjo
âge (m)	年齢	nenrei
adulte (m)	大人	otona
d'âge moyen (adj)	中年の	chūnen no
âgé (adj)	年配の	nenpai no
vieux (adj)	老いた	oi ta
vieillard (m)	老人	rōjin
vieille femme (f)	老婦人	rō fujin
retraite (f)	退職	taishoku
prendre sa retraite	退職する	taishoku suru
retraité (m)	退職者	taishoku sha
mère (f)	母親	hahaoya
père (m)	父親	chichioya
fils (m)	息子	musuko
fille (f)	娘	musume

frère (m)	兄、弟、兄弟	ani, otōto, kyoōdai
frère (m) aîné	兄	ani
frère (m) cadet	弟	otōto
sœur (f)	姉、妹、姉妹	ane, imōto, shimai
sœur (f) aînée	姉	ane
sœur (f) cadette	妹	imōto

parents (m pl)	親	oya
enfant (m, f)	子供	kodomo
enfants (pl)	子供	kodomo
belle-mère (f)	継母	keibo
beau-père (m)	継父	keifu

grand-mère (f)	祖母	sobo
grand-père (m)	祖父	sofu
petit-fils (m)	孫息子	mago musuko
petite-fille (f)	孫娘	mago musume
petits-enfants (pl)	孫	mago

oncle (m)	伯父	oji
tante (f)	伯母	oba
neveu (m)	甥	oi
nièce (f)	姪	mei

femme (f)	妻	tsuma
mari (m)	夫	otto
marié (adj)	既婚の	kikon no
mariée (adj)	既婚の	kikon no
veuve (f)	未亡人	mibōjin
veuf (m)	男やもめ	otokoyamome

| prénom (m) | 名前 | namae |
| nom (m) de famille | 姓 | sei |

parent (m)	親戚	shinseki
ami (m)	友達	tomodachi
amitié (f)	友情	yūjō

partenaire (m)	パートナー	pātonā
supérieur (m)	上司、上役	jōshi, uwayaku
collègue (m, f)	同僚	dōryō
voisins (m pl)	隣人	rinjin

4. Le corps humain. L'anatomie

organisme (m)	人体	jintai
corps (m)	身体	shintai
cœur (m)	心臓	shinzō
sang (m)	血液	ketsueki
cerveau (m)	脳	nō

nerf (m)	神経	shinkei
os (m)	骨	hone
squelette (f)	骸骨	gaikotsu
colonne (f) vertébrale	背骨	sebone
côte (f)	肋骨	rokkotsu
crâne (m)	頭蓋骨	zugaikotsu

muscle (m)	筋肉	kinniku
poumons (m pl)	肺	hai
peau (f)	肌	hada

tête (f)	頭	atama
visage (m)	顔	kao
nez (m)	鼻	hana
front (m)	額	hitai
joue (f)	頬	hō
bouche (f)	口	kuchi
langue (f)	舌	shita
dent (f)	歯	ha
lèvres (f pl)	唇	kuchibiru
menton (m)	あご（頤）	ago

oreille (f)	耳	mimi
cou (m)	首	kubi
gorge (f)	喉	nodo

œil (m)	眼	me
pupille (f)	瞳	hitomi
sourcil (m)	眉	mayu
cil (m)	まつげ	matsuge

cheveux (m pl)	髪の毛	kaminoke
coiffure (f)	髪形	kamigata
moustache (f)	口ひげ	kuchihige
barbe (f)	あごひげ	agohige
porter (~ la barbe)	生やしている	hayashi te iru
chauve (adj)	はげ頭の	hageatama no

main (f)	手	te
bras (m)	腕	ude
doigt (m)	指	yubi
ongle (m)	爪	tsume
paume (f)	手のひら	tenohira

épaule (f)	肩	kata
jambe (f)	足 [脚]	ashi
pied (m)	足	ashi
genou (m)	膝	hiza
talon (m)	かかと [踵]	kakato

| dos (m) | 背中 | senaka |
| taille (f) (~ de guêpe) | 腰 | koshi |

| grain (m) de beauté | 美人ぼくろ | bijinbokuro |
| tache (f) de vin | 母斑 | bohan |

5. Les maladies. Les médicaments

santé (f)	健康	kenkō
en bonne santé	健康な	kenkō na
maladie (f)	病気	byōki
être malade	病気になる	byōki ni naru
malade (adj)	病気の	byōki no

refroidissement (m)	風邪	kaze
prendre froid	風邪をひく	kaze wo hiku
angine (f)	狭心症	kyōshinshō
pneumonie (f)	肺炎	haien
grippe (f)	インフルエンザ	infuruenza

rhume (m) (coryza)	鼻水	hanamizu
toux (f)	咳	seki
tousser (vi)	咳をする	seki wo suru
éternuer (vi)	くしゃみをする	kushami wo suru

insulte (f)	脳卒中	nōsocchū
crise (f) cardiaque	心臓発作	shinzō hossa
allergie (f)	アレルギー	arerugī
asthme (m)	ぜんそく［喘息］	zensoku
diabète (m)	糖尿病	tōnyō byō

tumeur (f)	腫瘍	shuyō
cancer (m)	がん［癌］	gan
alcoolisme (m)	アルコール依存症	arukōru izon shō
SIDA (m)	エイズ	eizu
fièvre (f)	発熱	hatsunetsu
mal (m) de mer	船酔い	fune yoi

bleu (m)	打ち身	uchimi
bosse (f)	たんこぶ	tankobu
boiter (vi)	足を引きずる	ashi wo hikizuru
foulure (f)	脱臼	dakkyū
se démettre (l'épaule, etc.)	脱臼する	dakkyū suru

fracture (f)	骨折	kossetsu
brûlure (f)	火傷	yakedo
blessure (f)	けが［怪我］	kega
douleur (f)	痛み	itami
mal (m) de dents	歯痛	shitsū

suer (vi)	汗をかく	ase wo kaku
sourd (adj)	ろうの［聾の］	rō no
muet (adj)	口のきけない	kuchi no kike nai

immunité (f)	免疫	meneki
virus (m)	ウィルス	wirusu
microbe (m)	細菌	saikin
bactérie (f)	バクテリア	bakuteria
infection (f)	伝染	densen
hôpital (m)	病院	byōin
cure (f) (faire une ~)	療養	ryōyō
vacciner (vt)	予防接種をする	yobō sesshu wo suru
être dans le coma	昏睡状態になる	konsui jōtai ni naru
réanimation (f)	集中治療	shūchū chiryō
symptôme (m)	兆候	chōkō
pouls (m)	脈拍	myakuhaku

6. Les sensations. Les émotions. La communication

je	私	watashi
tu	あなた	anata
il	彼	kare
elle	彼女	kanojo
nous	私たち	watashi tachi
vous	あなたがた	anata ga ta
ils, elles	彼らは	karera wa
Bonjour! (fam.)	やあ！	yā!
Bonjour! (form.)	こんにちは！	konnichiwa!
Bonjour! (le matin)	おはよう！	ohayō!
Bonjour! (après-midi)	こんにちは！	konnichiwa!
Bonsoir!	こんばんは！	konbanwa!
dire bonjour	こんにちはと言う	konnichiwa to iu
saluer (vt)	挨拶する	aisatsu suru
Comment ça va?	元気？	genki ?
Comment allez-vous?	お元気ですか？	wo genki desu ka?
Comment ça va?	元気？	genki ?
Au revoir!	さようなら！	sayōnara!
Au revoir! (form.)	さようなら！	sayōnara!
Au revoir! (fam.)	バイバイ！	baibai!
Merci!	ありがとう！	arigatō!
sentiments (m pl)	感情	kanjō
avoir faim	腹をすかす	hara wo sukasu
avoir soif	喉が渇く	nodo ga kawaku
fatigué (adj)	疲れた	tsukare ta
s'inquiéter (vp)	心配する	shinpai suru
s'énerver (vp)	緊張する	kinchō suru
espoir (m)	希望	kibō
espérer (vi)	希望する	kibō suru

caractère (m)	性格	seikaku
modeste (adj)	謙遜な	kenson na
paresseux (adj)	怠惰な	taida na
généreux (adj)	気前のよい	kimae no yoi
doué (adj)	才能のある	sainō no aru
honnête (adj)	正直な	shōjiki na
sérieux (adj)	真剣な	shinken na
timide (adj)	内気な	uchiki na
sincère (adj)	心からの	kokorokara no
peureux (m)	臆病者	okubyō mono
dormir (vi)	眠る	nemuru
rêve (m)	夢	yume
lit (m)	ベッド、寝台	beddo, shindai
oreiller (m)	枕	makura
insomnie (f)	不眠症	fuminshō
aller se coucher	就寝する	shūshin suru
cauchemar (m)	悪夢	akumu
réveil (m)	目覚まし時計	mezamashi dokei
sourire (m)	ほほえみ［微笑み］	hohoemi
sourire (vi)	ほほえむ［微笑む］	hohoemu
rire (vi)	笑う	warau
dispute (f)	口論	kōron
insulte (f)	侮辱	bujoku
offense (f)	恨み	urami
fâché (adj)	怒って	okotte

7. Les vêtements. Les accessoires personnels

vêtement (m)	洋服	yōfuku
manteau (m)	オーバーコート	ōbā kōto
manteau (m) de fourrure	毛皮のコート	kegawa no kōto
veste (f) (~ en cuir)	ジャケット	jaketto
imperméable (m)	レインコート	reinkōto
chemise (f)	ワイシャツ	waishatsu
pantalon (m)	ズボン	zubon
veston (m)	ジャケット	jaketto
complet (m)	背広	sebiro
robe (f)	ドレス	doresu
jupe (f)	スカート	sukāto
tee-shirt (m)	Tシャツ	tīshatsu
peignoir (m) de bain	バスローブ	basurōbu
pyjama (m)	パジャマ	pajama
tenue (f) de travail	作業服	sagyō fuku
sous-vêtements (m pl)	下着	shitagi

chaussettes (f pl)	靴下	kutsushita
soutien-gorge (m)	ブラジャー	burajā
collants (m pl)	パンティストッキング	pantī sutokkingu
bas (m pl)	ストッキング	sutokkingu
maillot (m) de bain	水着	mizugi

chapeau (m)	帽子	bōshi
chaussures (f pl)	靴	kutsu
bottes (f pl)	ブーツ	būtsu
talon (m)	かかと ［踵］	kakato
lacet (m)	靴ひも	kutsu himo
cirage (m)	靴クリーム	kutsu kurīmu

coton (m)	綿	men
laine (f)	羊毛	yōmō
fourrure (f)	毛皮	kegawa

gants (m pl)	手袋	tebukuro
moufles (f pl)	ミトン	miton
écharpe (f)	マフラー	mafurā
lunettes (f pl)	めがね ［眼鏡］	megane
parapluie (m)	傘	kasa

cravate (f)	ネクタイ	nekutai
mouchoir (m)	ハンカチ	hankachi
peigne (m)	くし ［櫛］	kushi
brosse (f) à cheveux	ヘアブラシ	hea burashi
boucle (f)	バックル	bakkuru
ceinture (f)	ベルト	beruto
sac (m) à main	ハンドバッグ	hando baggu

col (m)	襟	eri
poche (f)	ポケット	poketto
manche (f)	袖	sode
braguette (f)	ズボンのファスナー	zubon no fasunā

fermeture (f) à glissière	チャック	chakku
bouton (m)	ボタン	botan
se salir (vp)	汚れる	yogoreru
tache (f)	染み	shimi

8. La ville. Les établissements publics

magasin (m)	店、…屋	mise, …ya
centre (m) commercial	ショッピングモール	shoppingu mōru
supermarché (m)	スーパーマーケット	sūpāmāketto
magasin (m) de chaussures	靴屋	kutsuya
librairie (f)	本屋	honya
pharmacie (f)	薬局	yakkyoku
boulangerie (f)	パン屋	panya

pâtisserie (f)	菓子店	kashi ten
épicerie (f)	食料品店	shokuryō hin ten
boucherie (f)	肉屋	nikuya
magasin (m) de légumes	八百屋	yaoya
marché (m)	市場	ichiba
salon (m) de coiffure	美容院	biyō in
poste (f)	郵便局	yūbin kyoku
pressing (m)	クリーニング屋	kurīningu ya
cirque (m)	サーカス	sākasu
zoo (m)	動物園	dōbutsu en
théâtre (m)	劇場	gekijō
cinéma (m)	映画館	eiga kan
musée (m)	博物館	hakubutsukan
bibliothèque (f)	図書館	toshokan
mosquée (f)	モスク	mosuku
synagogue (f)	シナゴーグ	shinagōgu
cathédrale (f)	大聖堂	dai seidō
temple (m)	寺院	jīn
église (f)	教会	kyōkai
institut (m)	大学	daigaku
université (f)	大学	daigaku
école (f)	学校	gakkō
hôtel (m)	ホテル	hoteru
banque (f)	銀行	ginkō
ambassade (f)	大使館	taishikan
agence (f) de voyages	旅行代理店	ryokō dairi ten
métro (m)	地下鉄	chikatetsu
hôpital (m)	病院	byōin
station-service (f)	ガソリンスタンド	gasorin sutando
parking (m)	駐車場	chūsha jō
ENTRÉE	入口	iriguchi
SORTIE	出口	deguchi
POUSSER	押す	osu
TIRER	引く	hiku
OUVERT	営業中	eigyō chū
FERMÉ	休業日	kyūgyōbi
monument (m)	記念碑	kinen hi
forteresse (f)	要塞	yōsai
palais (m)	宮殿	kyūden
médiéval (adj)	中世の	chūsei no
ancien (adj)	古代の	kodai no
national (adj)	国の	kuni no
connu (adj)	有名な	yūmei na

9. L'argent. Les finances

argent (m)	お金	okane
monnaie (f)	コイン	koin
dollar (m)	ドル	doru
euro (m)	ユーロ	yūro
distributeur (m)	ATM	ētīemu
bureau (m) de change	両替所	ryōgae sho
cours (m) de change	為替レート	kawase rēto
espèces (f pl)	現金	genkin
Combien?	いくら？	ikura ?
payer (régler)	払う	harau
paiement (m)	支払い	shiharai
monnaie (f) (rendre la ~)	おつり	o tsuri
prix (m)	価格	kakaku
rabais (m)	割引	waribiki
bon marché (adj)	安い	yasui
cher (adj)	高い	takai
banque (f)	銀行	ginkō
compte (m)	口座	kōza
carte (f) de crédit	クレジットカード	kurejitto kādo
chèque (m)	小切手	kogitte
faire un chèque	小切手を書く	kogitte wo kaku
chéquier (m)	小切手帳	kogitte chō
dette (f)	債務	saimu
débiteur (m)	債務者	saimu sha
prêter (vt)	貸す	kasu
emprunter (vt)	借りる	kariru
louer (une voiture, etc.)	レンタルする	rentaru suru
à crédit (adv)	付けで	tsuke de
portefeuille (m)	財布	saifu
coffre fort (m)	金庫	kinko
héritage (m)	相続	sōzoku
fortune (f)	財産	zaisan
impôt (m)	税	zei
amende (f)	罰金	bakkin
mettre une amende	罰金を科す	bakkin wo kasu
en gros (adj)	卸売の	oroshiuri no
au détail (adj)	小売の	kōri no
assurer (vt)	保険をかける	hoken wo kakeru
assurance (f)	保険	hoken
capital (m)	資本	shihon
chiffre (m) d'affaires	売上高	uriage daka

action (f)	株	kabu
profit (m)	利益	rieki
profitable (adj)	利益のある	rieki no aru

crise (f)	危機	kiki
faillite (f)	破産	hasan
faire faillite	破産する	hasan suru

comptable (m)	会計士	kaikeishi
salaire (m)	給料	kyūryō
prime (f)	ボーナス	bōnasu

10. Les transports

autobus (m)	バス	basu
tramway (m)	路面電車	romen densha
trolleybus (m)	トロリーバス	tororībasu

prendre ...	…で行く	… de iku
monter (dans l'autobus)	乗る	noru
descendre de ...	降りる	oriru

arrêt (m)	停	toma
terminus (m)	終着駅	shūchakueki
horaire (m)	時刻表	jikoku hyō
ticket (m)	乗車券	jōsha ken
être en retard	遅れる	okureru

taxi (m)	タクシー	takushī
en taxi	タクシーで	takushī de
arrêt (m) de taxi	タクシー乗り場	takushī noriba

trafic (m)	交通	kōtsū
heures (f pl) de pointe	ラッシュアワー	rasshuawā
se garer (vp)	駐車する	chūsha suru

métro (m)	地下鉄	chikatetsu
station (f)	駅	eki
train (m)	列車	ressha
gare (f)	鉄道駅	tetsudō eki
rails (m pl)	レール	rēru
compartiment (m)	コンパートメント	konpātomento
couchette (f)	寝台	shindai

avion (m)	航空機	kōkūki
billet (m) d'avion	航空券	kōkū ken
compagnie (f) aérienne	航空会社	kōkū gaisha
aéroport (m)	空港	kūkō
vol (m) (~ d'oiseau)	飛行	hikō
bagage (m)	荷物	nimotsu

chariot (m)	荷物カート	nimotsu kāto
bateau (m)	船舶	senpaku
bateau (m) de croisière	遠洋定期船	enyō teiki sen
yacht (m)	ヨット	yotto
canot (m) à rames	ボート	bōto
capitaine (m)	船長	senchō
cabine (f)	船室	senshitsu
port (m)	港	minato
vélo (m)	自転車	jitensha
scooter (m)	スクーター	sukūtā
moto (f)	オートバイ	ōtobai
pédale (f)	ペダル	pedaru
pompe (f)	ポンプ	ponpu
roue (f)	車輪	sharin
automobile (f)	自動車	jidōsha
ambulance (f)	救急車	kyūkyū sha
camion (m)	トラック	torakku
d'occasion (adj)	中古の	chūko no
accident (m) de voiture	車の事故	kuruma no jiko
réparation (f)	修理	shūri

11. Les produits alimentaires. Partie 1

viande (f)	肉	niku
poulet (m)	鶏	niwatori
canard (m)	ダック	dakku
du porc	豚肉	buta niku
du veau	子牛肉	kōshi niku
du mouton	子羊肉	kohitsuji niku
du bœuf	牛肉	gyū niku
saucisson (m)	ソーセージ	sōsēji
œuf (m)	卵	tamago
poisson (m)	魚	sakana
fromage (m)	チーズ	chīzu
sucre (m)	砂糖	satō
sel (m)	塩	shio
riz (m)	米	kome
pâtes (m pl)	パスタ	pasuta
beurre (m)	バター	batā
huile (f) végétale	植物油	shokubutsu yu
pain (m)	パン	pan
chocolat (m)	チョコレート	chokorēto
vin (m)	ワイン	wain
café (m)	コーヒー	kōhī

lait (m)	乳、ミルク	nyū, miruku
jus (m)	ジュース	jūsu
bière (f)	ビール	bīru
thé (m)	茶	cha

tomate (f)	トマト	tomato
concombre (m)	きゅうり [胡瓜]	kyūri
carotte (f)	ニンジン [人参]	ninjin
pomme (f) de terre	ジャガイモ	jagaimo
oignon (m)	たまねぎ [玉葱]	tamanegi
ail (m)	ニンニク	ninniku

chou (m)	キャベツ	kyabetsu
betterave (f)	テーブルビート	tēburu bīto
aubergine (f)	ナス	nasu
fenouil (m)	ディル	diru
laitue (f) (salade)	レタス	retasu
maïs (m)	トウモロコシ	tōmorokoshi

fruit (m)	果物	kudamono
pomme (f)	リンゴ	ringo
poire (f)	洋梨	yōnashi
citron (m)	レモン	remon
orange (f)	オレンジ	orenji
fraise (f)	イチゴ (苺)	ichigo

prune (f)	プラム	puramu
framboise (f)	ラズベリー (木苺)	razuberī
ananas (m)	パイナップル	painappuru
banane (f)	バナナ	banana
pastèque (f)	スイカ	suika
raisin (m)	ブドウ [葡萄]	budō
melon (m)	メロン	meron

12. Les produits alimentaires. Partie 2

cuisine (f)	料理	ryōri
recette (f)	レシピ	reshipi
nourriture (f)	食べ物	tabemono

prendre le petit déjeuner	朝食をとる	chōshoku wo toru
déjeuner (vi)	昼食をとる	chūshoku wo toru
dîner (vi)	夕食をとる	yūshoku wo toru

goût (m)	味	aji
bon (savoureux)	美味しい	oishī
froid (adj)	冷たい	tsumetai
chaud (adj)	熱い	atsui
sucré (adj)	甘い	amai
salé (adj)	塩味の	shioaji no

sandwich (m)	サンドイッチ	sandoicchi
garniture (f)	付け合わせ	tsukeawase
garniture (f)	フィリング	firingu
sauce (f)	ソース	sōsu
morceau (m)	一切れ	ichi kire
régime (m)	ダイエット	daietto
vitamine (f)	ビタミン	bitamin
calorie (f)	カロリー	karorī
végétarien (m)	ベジタリアン	bejitarian
restaurant (m)	レストラン	resutoran
salon (m) de café	喫茶店	kissaten
appétit (m)	食欲	shokuyoku
Bon appétit!	どうぞお召し上がり下さい！	dōzo o meshiagarikudasai!
serveur (m)	ウェイター	weitā
serveuse (f)	ウェートレス	wētoresu
barman (m)	バーテンダー	bātendā
carte (f)	メニュー	menyū
cuillère (f)	スプーン	supūn
couteau (m)	ナイフ	naifu
fourchette (f)	フォーク	fōku
tasse (f)	カップ	kappu
assiette (f)	皿	sara
soucoupe (f)	ソーサー	sōsā
serviette (f)	ナフキン	nafukin
cure-dent (m)	つまようじ ［爪楊枝］	tsumayōji
commander (vt)	注文する	chūmon suru
plat (m)	料理	ryōri
portion (f)	一人前	ichi ninmae
hors-d'œuvre (m)	前菜	zensai
salade (f)	サラダ	sarada
soupe (f)	スープ	sūpu
dessert (m)	デザート	dezāto
confiture (f)	ジャム	jamu
glace (f)	アイスクリーム	aisukurīmu
addition (f)	お勘定	okanjō
régler l'addition	勘定を払う	kanjō wo harau
pourboire (m)	チップ	chippu

13. La maison. L'appartement. Partie 1

maison (f)	家屋	kaoku
maison (f) de campagne	田舎の邸宅	inaka no teitaku

villa (f)	別荘	bessō
étage (m)	階	kai
entrée (f)	入口	iriguchi
mur (m)	壁	kabe
toit (m)	屋根	yane
cheminée (f)	煙突	entotsu
grenier (m)	屋根裏	yaneura
fenêtre (f)	窓	mado
rebord (m)	窓台	mado dai
balcon (m)	バルコニー	barukonī
escalier (m)	階段	kaidan
boîte (f) à lettres	郵便受け	yūbin uke
poubelle (f) d'extérieur	ゴミ収納庫	gomishūnōko
ascenseur (m)	エレベーター	erebētā
électricité (f)	電気	denki
ampoule (f)	電球	denkyū
interrupteur (m)	スイッチ	suicchi
prise (f)	コンセント	konsento
fusible (m)	ヒューズ	hyūzu
porte (f)	ドア	doa
poignée (f)	ドアノブ	doa nobu
clé (f)	鍵	kagi
paillasson (m)	玄関マット	genkan matto
serrure (f)	錠	jō
sonnette (f)	ドアベル	doa beru
coups (m pl) à la porte	ノック	nokku
frapper (~ à la porte)	ノックする	nokku suru
judas (m)	ドアアイ	doaai
cour (f)	中庭	nakaniwa
jardin (m)	庭	niwa
piscine (f)	プール	pūru
salle (f) de gym	ジム	jimu
court (m) de tennis	テニスコート	tenisu kōto
garage (m)	車庫	shako
propriété (f) privée	私有地	shiyūchi
panneau d'avertissement	警告表示	keikoku hyōji
sécurité (f)	警備	keibi
agent (m) de sécurité	警備員	keibi in
rénovation (f)	リフォーム	rifōmu
faire la rénovation	リフォームする	rifōmu suru
remettre en ordre	整頓する	seiton suru
peindre (des murs)	塗る	nuru
papier (m) peint	壁紙	kabegami
vernir (vt)	ニスを塗る	nisu wo nuru

tuyau (m)	管	kan
outils (m pl)	工具	kōgu
sous-sol (m)	地下室	chika shitsu
égouts (m pl)	下水道	gesuidō

14. La maison. L'appartement. Partie 2

appartement (m)	アパート	apāto
chambre (f)	部屋	heya
chambre (f) à coucher	寝室	shinshitsu
salle (f) à manger	食堂	shokudō
salon (m)	居間	ima
bureau (m)	書斎	shosai
antichambre (f)	玄関	genkan
salle (f) de bains	浴室	yokushitsu
toilettes (f pl)	トイレ	toire
plancher (m)	床	yuka
plafond (m)	天井	tenjō
essuyer la poussière	ほこりを払う	hokori wo harau
aspirateur (m)	掃除機	sōji ki
passer l'aspirateur	掃除機をかける	sōji ki wo kakeru
balai (m) à franges	モップ	moppu
torchon (m)	ダストクロス	dasuto kurosu
balayette (f) de sorgho	ほうき	hōki
pelle (f) à ordures	ちりとり	chiritori
meubles (m pl)	家具	kagu
table (f)	テーブル	tēburu
chaise (f)	椅子	isu
fauteuil (m)	肘掛け椅子	hijikake isu
bibliothèque (f) (meuble)	書棚	shodana
rayon (m)	棚	tana
armoire (f)	ワードローブ	wādo rōbu
miroir (m)	鏡	kagami
tapis (m)	カーペット	kāpetto
cheminée (f)	暖炉	danro
rideaux (m pl)	カーテン	kāten
lampe (f) de table	テーブルランプ	tēburu ranpu
lustre (m)	シャンデリア	shanderia
cuisine (f)	台所	daidokoro
cuisinière (f) à gaz	ガスコンロ	gasu konro
cuisinière (f) électrique	電気コンロ	denki konro
four (m) micro-ondes	電子レンジ	denshi renji
réfrigérateur (m)	冷蔵庫	reizōko

congélateur (m)	冷凍庫	reitōko
lave-vaisselle (m)	食器洗い機	shokkiarai ki
robinet (m)	蛇口	jaguchi
hachoir (m) à viande	肉挽き器	niku hiki ki
centrifugeuse (f)	ジューサー	jūsā
grille-pain (m)	トースター	tōsutā
batteur (m)	ハンドミキサー	hando mikisā
machine (f) à café	コーヒーメーカー	kōhī mēkā
bouilloire (f)	やかん	yakan
théière (f)	急須	kyūsu
téléviseur (m)	テレビ	terebi
magnétoscope (m)	ビデオ	bideo
fer (m) à repasser	アイロン	airon
téléphone (m)	電話	denwa

15. Les occupations. Le statut social

directeur (m)	責任者	sekinin sha
supérieur (m)	上司	jōshi
président (m)	社長	shachō
assistant (m)	助手	joshu
secrétaire (m, f)	秘書	hisho
propriétaire (m)	経営者	keieisha
partenaire (m)	パートナー	pātonā
actionnaire (m)	株主	kabunushi
homme (m) d'affaires	ビジネスマン	bijinesuman
millionnaire (m)	百万長者	hyakuman chōja
milliardaire (m)	億万長者	okuman chōja
acteur (m)	俳優	haiyū
architecte (m)	建築士	kenchiku shi
banquier (m)	銀行家	ginkō ka
courtier (m)	仲買人	nakagainin
vétérinaire (m)	獣医	jūi
médecin (m)	医者	isha
femme (f) de chambre	客室係	kyakushitsu gakari
designer (m)	デザイナー	dezainā
correspondant (m)	特派員	tokuhain
livreur (m)	宅配業者	takuhai gyōsha
électricien (m)	電気工事士	denki kōji shi
musicien (m)	音楽家	ongakuka
baby-sitter (m, f)	ベビーシッター	bebīshittā
coiffeur (m)	美容師	biyō shi
berger (m)	牛飼い	ushikai

chanteur (m)	歌手	kashu
traducteur (m)	翻訳者	honyaku sha
écrivain (m)	作家	sakka
charpentier (m)	大工	daiku
cuisinier (m)	料理人	ryōri jin
pompier (m)	消防士	shōbō shi
policier (m)	警官	keikan
facteur (m)	郵便配達人	yūbin haitatsu jin
programmeur (m)	プログラマー	puroguramā
vendeur (m)	店員	tenin
ouvrier (m)	労働者	rōdō sha
jardinier (m)	庭師	niwashi
plombier (m)	配管工	haikan kō
stomatologue (m)	歯科医	shikai
hôtesse (f) de l'air	客室乗務員	kyakushitsu jōmu in
danseur (m)	ダンサー	dansā
garde (m) du corps	ボディーガード	bodīgādo
savant (m)	科学者	kagaku sha
professeur (m)	教師	kyōshi
fermier (m)	農業経営者	nōgyō keiei sha
chirurgien (m)	外科医	gekai
mineur (m)	鉱山労働者	kōzan rōdō sha
cuisinier (m) en chef	シェフ	shefu
chauffeur (m)	運転手	unten shu

16. Le sport

type (m) de sport	スポーツの種類	supōtsu no shurui
football (m)	サッカー	sakkā
hockey (m)	アイスホッケー	aisuhokkē
basket-ball (m)	バスケットボール	basukettobōru
base-ball (m)	野球	yakyū
volley-ball (m)	バレーボール	barēbōru
boxe (f)	ボクシング	bokushingu
lutte (f)	レスリング	resuringu
tennis (m)	テニス	tenisu
natation (f)	水泳	suiei
échecs (m pl)	チェス	chesu
course (f)	ランニング	ranningu
athlétisme (m)	陸上競技	rikujō kyōgi
patinage (m) artistique	フィギュアスケート	figyua sukēto
cyclisme (m)	サイクリング	saikuringu
billard (m)	ビリヤード	biriyādo
bodybuilding (m)	ボディビル	bodibiru

golf (m)	ゴルフ	gorufu
plongée (f)	ダイビング	daibingu
voile (f)	セーリング	sēringu
tir (m) à l'arc	洋弓	yōkyū
mi-temps (f)	ピリオド、ハーフ	piriodo, hāfu
mi-temps (f) (pause)	ハーフタイム	hāfu taimu
match (m) nul	引き分け	hikiwake
faire match nul	引き分けになる	hikiwake ni naru
tapis (m) roulant	トレッドミル	toreddomiru
joueur (m)	選手	senshu
remplaçant (m)	補欠	hoketsu
banc (m) des remplaçants	ベンチ	benchi
match (m)	試合	shiai
but (m)	ゴール	gōru
gardien (m) de but	ゴールキーパー	gōrukīpā
but (m)	ゴール	gōru
Jeux (m pl) olympiques	オリンピック	orinpikku
établir un record	記録を打ち立てる	kiroku wo uchitateru
finale (f)	決勝戦	kesshō sen
champion (m)	チャンピオン	chanpion
championnat (m)	選手権	senshuken
gagnant (m)	勝利者	shōri sha
victoire (f)	勝利	shōri
gagner (vi)	勝つ	katsu
perdre (vi)	負ける	makeru
médaille (f)	メダル	medaru
première place (f)	一位	ichi i
deuxième place (f)	二位	ni i
troisième place (f)	三位	san i
stade (m)	スタジアム	sutajiamu
supporteur (m)	ファン	fan
entraîneur (m)	トレーナー	torēnā
entraînement (m)	トレーニング	torēningu

17. Les langues étrangères. L'orthographe

langue (f)	言語	gengo
étudier (vt)	勉強する	benkyō suru
prononciation (f)	発音	hatsuon
accent (m)	なまり［訛り］	namari
nom (m)	名詞	meishi
adjectif (m)	形容詞	keiyōshi

verbe (m)	動詞	dōshi
adverbe (m)	副詞	fukushi
pronom (m)	代名詞	daimeishi
interjection (f)	間投詞	kantōshi
préposition (f)	前置詞	zenchishi
racine (f)	語根	gokon
terminaison (f)	語尾	gobi
préfixe (m)	接頭辞	settō ji
syllabe (f)	音節	onsetsu
suffixe (m)	接尾辞	setsubi ji
accent (m) tonique	キョウセイ［強勢］	kyōsei
point (m)	句点	kuten
virgule (f)	コンマ	konma
deux-points (m)	コロン	koron
points (m pl) de suspension	省略	shōrya ku
question (f)	疑問文	gimon bun
point (m) d'interrogation	疑問符	gimon fu
point (m) d'exclamation	感嘆符	kantan fu
entre guillemets	引用符内	inyō fu nai
entre parenthèses	ガッコ内　（括弧内）	kakko nai
lettre (f)	文字	moji
majuscule (f)	大文字	daimonji
proposition (f)	文	bun
groupe (m) de mots	語群	gogun
expression (f)	表現	hyōgen
sujet (m)	主語	shugo
prédicat (m)	述語	jutsugo
ligne (f)	行	gyō
paragraphe (m)	段落	danraku
synonyme (m)	同義語	dōgigo
antonyme (m)	対義語	taigigo
exception (f)	例外	reigai
souligner (vt)	下線を引く	kasen wo hiku
règles (f pl)	規則	kisoku
grammaire (f)	文法	bunpō
vocabulaire (m)	語彙	goi
phonétique (f)	音声学	onseigaku
alphabet (m)	アルファベット	arufabetto
manuel (m)	教科書	kyōkasho
dictionnaire (m)	辞書	jisho
guide (m) de conversation	慣用表現集	kanyō hyōgen shū
mot (m)	単語	tango

sens (m)	意味	imi
mémoire (f)	記憶	kioku

18. La Terre. La géographie

Terre (f)	地球	chikyū
globe (m) terrestre	世界	sekai
planète (f)	惑星	wakusei
géographie (f)	地理学	chiri gaku
nature (f)	自然	shizen
carte (f)	地図	chizu
atlas (m)	地図帳	chizu chō
au nord	北に	kita ni
au sud	南に	minami ni
à l'occident	西に	nishi ni
à l'orient	東に	higashi ni
mer (f)	海	umi
océan (m)	海洋	kaiyō
golfe (m)	湾	wan
détroit (m)	海峡	kaikyō
continent (m)	大陸	tairiku
île (f)	島	shima
presqu'île (f)	半島	hantō
archipel (m)	多島海	tatōkai
port (m)	泊地	hakuchi
récif (m) de corail	サンゴ礁	sangoshō
littoral (m)	海岸	kaigan
côte (f)	沿岸	engan
marée (f) haute	満潮	manchō
marée (f) basse	干潮	kanchō
latitude (f)	緯度	ido
longitude (f)	経度	keido
parallèle (f)	度線	dosen
équateur (m)	赤道	sekidō
ciel (m)	空	sora
horizon (m)	地平線	chiheisen
atmosphère (f)	大気	taiki
montagne (f)	山	yama
sommet (m)	頂上	chōjō
rocher (m)	断崖	dangai
colline (f)	丘	oka

volcan (m)	火山	kazan
glacier (m)	氷河	hyōga
chute (f) d'eau	滝	taki
plaine (f)	平原	heigen
rivière (f), fleuve (m)	川	kawa
source (f)	泉	izumi
rive (f)	川岸	kawagishi
en aval	下流の	karyū no
en amont	上流の	jōryū no
lac (m)	湖	mizūmi
barrage (m)	ダム	damu
canal (m)	運河	unga
marais (m)	沼地	numachi
glace (f)	氷	kōri

19. Les pays du monde. Partie 1

Europe (f)	ヨーロッパ	yōroppa
Union (f) européenne	欧州連合	ōshū rengō
européen (m)	ヨーロッパ人	yōroppa jin
européen (adj)	ヨーロッパの	yōroppa no
Autriche (f)	オーストリア	ōsutoria
Grande-Bretagne (f)	グレートブリテン島	gurētoburiten tō
Angleterre (f)	イギリス	igirisu
Belgique (f)	ベルギー	berugī
Allemagne (f)	ドイツ	doitsu
Pays-Bas (m)	ネーデルラント	nēderuranto
Hollande (f)	オランダ	oranda
Grèce (f)	ギリシャ	girisha
Danemark (m)	デンマーク	denmāku
Irlande (f)	アイルランド	airurando
Islande (f)	アイスランド	aisurando
Espagne (f)	スペイン	supein
Italie (f)	イタリア	itaria
Chypre (m)	キプロス	kipurosu
Malte (f)	マルタ	maruta
Norvège (f)	ノルウェー	noruwē
Portugal (m)	ポルトガル	porutogaru
Finlande (f)	フィンランド	finrando
France (f)	フランス	furansu
Suède (f)	スウェーデン	suwēden
Suisse (f)	スイス	suisu
Écosse (f)	スコットランド	sukottorando

Vatican (m)	バチカン	bachikan
Liechtenstein (m)	リヒテンシュタイン	rihitenshutain
Luxembourg (m)	ルクセンブルク	rukusenburuku
Monaco (m)	モナコ	monako
Albanie (f)	アルバニア	arubania
Bulgarie (f)	ブルガリア	burugaria
Hongrie (f)	ハンガリー	hangarī
Lettonie (f)	ラトビア	ratobia
Lituanie (f)	リトアニア	ritoania
Pologne (f)	ポーランド	pōrando
Roumanie (f)	ルーマニア	rūmania
Serbie (f)	セルビア	serubia
Slovaquie (f)	スロバキア	surobakia
Croatie (f)	クロアチア	kuroachia
République (f) Tchèque	チェコ	cheko
Estonie (f)	エストニア	esutonia
Bosnie (f)	ボスニア・ヘルツェゴヴィナ	bosunia herutsegovina
Macédoine (f)	マケドニア地方	makedonia chihō
Slovénie (f)	スロベニア	surobenia
Monténégro (m)	モンテネグロ	monteneguro
Biélorussie (f)	ベラルーシー	berarūshī
Moldavie (f)	モルドヴァ	morudova
Russie (f)	ロシア	roshia
Ukraine (f)	ウクライナ	ukuraina

20. Les pays du monde. Partie 2

Asie (f)	アジア	ajia
Vietnam (m)	ベトナム	betonamu
Inde (f)	インド	indo
Israël (m)	イスラエル	isuraeru
Chine (f)	中国	chūgoku
Liban (m)	レバノン	rebanon
Mongolie (f)	モンゴル	mongoru
Malaisie (f)	マレーシア	marēshia
Pakistan (m)	パキスタン	pakisutan
Arabie (f) Saoudite	サウジアラビア	saujiarabia
Thaïlande (f)	タイ	tai
Taïwan (m)	台湾	taiwan
Turquie (f)	トルコ	toruko
Japon (m)	日本	nihon
Afghanistan (m)	アフガニスタン	afuganisutan
Bangladesh (m)	バングラデシュ	banguradeshu

Indonésie (f)	インドネシア	indoneshia
Jordanie (f)	ヨルダン	yorudan
Iraq (m)	イラク	iraku
Iran (m)	イラン	iran
Cambodge (m)	カンボジア	kanbojia
Koweït (m)	クウェート	kuwēto
Laos (m)	ラオス	raosu
Myanmar (m)	ミャンマー	myanmā
Népal (m)	ネパール	nepāru
Fédération (f) des Émirats Arabes Unis	アラブ首長国連邦	arabu shuchō koku renpō
Syrie (f)	シリア	shiria
Palestine (f)	パレスチナ	paresuchina
Corée (f) du Sud	大韓民国	daikanminkoku
Corée (f) du Nord	北朝鮮	kitachōsen
Les États Unis	アメリカ合衆国	amerika gasshūkoku
Canada (m)	カナダ	kanada
Mexique (m)	メキシコ	mekishiko
Argentine (f)	アルゼンチン	aruzenchin
Brésil (m)	ブラジル	burajiru
Colombie (f)	コロンビア	koronbia
Cuba (f)	キューバ	kyūba
Chili (m)	チリ	chiri
Venezuela (f)	ベネズエラ	benezuera
Équateur (m)	エクアドル	ekuadoru
Bahamas (f pl)	バハマ	bahama
Panamá (m)	パナマ	panama
Égypte (f)	エジプト	ejiputo
Maroc (m)	モロッコ	morokko
Tunisie (f)	チュニジア	chunijia
Kenya (m)	ケニア	kenia
Libye (f)	リビア	ribia
République (f) Sud-africaine	南アフリカ	minami afurika
Australie (f)	オーストラリア	ōsutoraria
Nouvelle Zélande (f)	ニュージーランド	nyūjīrando

21. Le temps. Les catastrophes naturelles

temps (m)	天気	tenki
météo (f)	天気予報	tenki yohō
température (f)	温度	ondo
thermomètre (m)	温度計	ondo kei
baromètre (m)	気圧計	kiatsu kei

soleil (m)	太陽	taiyō
briller (soleil)	照る	teru
ensoleillé (jour ~)	晴れの	hare no
se lever (vp)	昇る	noboru
se coucher (vp)	沈む	shizumu
pluie (f)	雨	ame
il pleut	雨が降っている	ame ga futte iru
pluie (f) torrentielle	土砂降りの雨	doshaburi no ame
nuée (f)	雨雲	amagumo
flaque (f)	水溜り	mizutamari
se faire mouiller	ぬれる［濡れる］	nureru
orage (m)	雷雨	raiu
éclair (m)	稲妻	inazuma
éclater (foudre)	ピカッと光る	pikatto hikaru
tonnerre (m)	雷	kaminari
le tonnerre gronde	雷が鳴っている	kaminari ga natte iru
grêle (f)	ひょう［雹］	hyō
il grêle	ひょうが降っている	hyō ga futte iru
chaleur (f) (canicule)	猛暑	mōsho
il fait très chaud	暑いです	atsui desu
il fait chaud	暖かいです	atatakai desu
il fait froid	寒いです	samui desu
brouillard (m)	霧	kiri
brumeux (adj)	霧の	kiri no
nuage (m)	雲	kumo
nuageux (adj)	曇りの	kumori no
humidité (f)	湿度	shitsudo
neige (f)	雪	yuki
il neige	雪が降っている	yuki ga futte iru
gel (m)	ひどい霜	hidoi shimo
au-dessous de zéro	零下	reika
givre (m)	霜	shimo
intempéries (f pl)	悪い天気	warui tenki
catastrophe (f)	災害	saigai
inondation (f)	洪水	kōzui
avalanche (f)	雪崩	nadare
tremblement (m) de terre	地震	jishin
secousse (f)	震動	shindō
épicentre (m)	震源地	shingen chi
éruption (f)	噴火	funka
lave (f)	溶岩	yōgan
tornade (f)	竜巻	tatsumaki
tourbillon (m)	旋風	senpū
ouragan (m)	ハリケーン	harikēn

| tsunami (m) | 津波 | tsunami |
| cyclone (m) | サイクロン | saikuron |

22. Les animaux. Partie 1

| animal (m) | 動物 | dōbutsu |
| prédateur (m) | 肉食獣 | nikushoku juu |

tigre (m)	トラ [虎]	tora
lion (m)	ライオン	raion
loup (m)	オオカミ	ōkami
renard (m)	キツネ [狐]	kitsune
jaguar (m)	ジャガー	jagā

lynx (m)	オオヤマネコ	ōyamaneko
coyote (m)	コヨーテ	koyōte
chacal (m)	ジャッカル	jakkaru
hyène (f)	ハイエナ	haiena

écureuil (m)	リス	risu
hérisson (m)	ハリネズミ [針鼠]	harinezumi
lapin (m)	ウサギ [兎]	usagi
raton (m)	アライグマ	araiguma

hamster (m)	ハムスター	hamusutā
taupe (f)	モグラ	mogura
souris (f)	ネズミ	nezumi
rat (m)	ラット	ratto
chauve-souris (f)	コウモリ [蝙蝠]	kōmori

castor (m)	ビーバー	bībā
cheval (m)	ウマ [馬]	uma
cerf (m)	シカ [鹿]	shika
chameau (m)	ラクダ [駱駝]	rakuda
zèbre (m)	シマウマ [縞馬]	shimauma

baleine (f)	クジラ [鯨]	kujira
phoque (m)	アザラシ	azarashi
morse (m)	セイウチ [海象]	seiuchi
dauphin (m)	いるか [海豚]	iruka

ours (m)	クマ [熊]	kuma
singe (m)	サル [猿]	saru
éléphant (m)	ゾウ [象]	zō
rhinocéros (m)	サイ [犀]	sai
girafe (f)	キリン	kirin

hippopotame (m)	カバ [河馬]	kaba
kangourou (m)	カンガルー	kangarū
chat (m) (femelle)	猫	neko

chien (m)	犬	inu
vache (f)	雌牛	meushi
taureau (m)	雄牛	ōshi
brebis (f)	羊	hitsuji
chèvre (f)	ヤギ［山羊］	yagi

âne (m)	ロバ	roba
cochon (m)	ブタ［豚］	buta
poule (f)	ニワトリ［鶏］	niwatori
coq (m)	おんどり［雄鶏］	ondori

canard (m)	アヒル	ahiru
oie (f)	ガチョウ	gachō
dinde (f)	七面鳥［シチメンチョウ］	shichimenchō
berger (m)	牧羊犬	bokuyō ken

23. Les animaux. Partie 2

oiseau (m)	鳥	tori
pigeon (m)	鳩［ハト］	hato
moineau (m)	スズメ（雀）	suzume
mésange (f)	シジュウカラ［四十雀］	shijūkara
pie (f)	カササギ（鵲）	kasasagi

aigle (m)	鷲	washi
épervier (m)	鷹	taka
faucon (m)	ハヤブサ［隼］	hayabusa

cygne (m)	白鳥［ハクチョウ］	hakuchō
grue (f)	鶴［ツル］	tsuru
cigogne (f)	シュバシコウ	shubashikō
perroquet (m)	オウム	ōmu
paon (m)	クジャク［孔雀］	kujaku
autruche (f)	ダチョウ［駝鳥］	dachō

héron (m)	サギ［鷺］	sagi
rossignol (m)	サヨナキドリ	sayonakidori
hirondelle (f)	ツバメ［燕］	tsubame
pivert (m)	キツツキ	kitsutsuki
coucou (m)	カッコウ［郭公］	kakkō
chouette (f)	トラフズク	torafuzuku

pingouin (m)	ペンギン	pengin
thon (m)	マグロ［鮪］	maguro
truite (f)	マス［鱒］	masu
anguille (f)	ウナギ［鰻］	unagi

requin (m)	サメ［鮫］	same
crabe (m)	カニ［蟹］	kani
méduse (f)	クラゲ［水母］	kurage

pieuvre (f), poulpe (m)	タコ [蛸]	tako
étoile (f) de mer	ヒトデ [海星]	hitode
oursin (m)	ウニ [海胆]	uni
hippocampe (m)	タツノオトシゴ	tatsunootoshigo
crevette (f)	エビ	ebi
serpent (m)	ヘビ (蛇)	hebi
vipère (f)	クサリヘビ	kusarihebi
lézard (m)	トカゲ [蜥蜴]	tokage
iguane (m)	イグアナ	iguana
caméléon (m)	カメレオン	kamereon
scorpion (m)	サソリ [蠍]	sasori
tortue (f)	カメ [亀]	kame
grenouille (f)	蛙 [カエル]	kaeru
crocodile (m)	ワニ [鰐]	wani
insecte (m)	昆虫	konchū
papillon (m)	チョウ [蝶]	chō
fourmi (f)	アリ [蟻]	ari
mouche (f)	ハエ [蝿]	hae
moustique (m)	カ [蚊]	ka
scarabée (m)	甲虫	kabutomushi
abeille (f)	ハチ [蜂]	hachi
araignée (f)	クモ [蜘蛛]	kumo
coccinelle (f)	テントウムシ [天道虫]	tentōmushi

24. La flore. Les arbres

arbre (m)	木	ki
bouleau (m)	カバノキ	kabanoki
chêne (m)	オーク	ōku
tilleul (m)	シナノキ [科の木]	shinanoki
tremble (m)	ヤマナラシ [山鳴らし]	yamanarashi
érable (m)	カエデ [楓]	kaede
épicéa (m)	スプルース	supurūsu
pin (m)	マツ [松]	matsu
cèdre (m)	シダー	shidā
peuplier (m)	ポプラ	popura
sorbier (m)	ナナカマド	nanakamado
hêtre (m)	ブナ	buna
orme (m)	ニレ [楡]	nire
frêne (m)	トネリコ [梣]	toneriko
marronnier (m)	クリ [栗]	kuri
palmier (m)	ヤシ [椰子]	yashi
buisson (m)	低木	teiboku
champignon (m)	キノコ [茸]	kinoko

champignon (m) vénéneux	毒キノコ	doku kinoko
cèpe (m)	ヤマドリタケ	yamadori take
russule (f)	ベニタケ［紅茸］	beni take
amanite (f) tue-mouches	ベニテングタケ ［紅天狗茸］	benitengu take
oronge (f) verte	タマゴテングタケ ［卵天狗茸］	tamagotengu take
fleur (f)	花	hana
bouquet (m)	花束	hanataba
rose (f)	バラ	bara
tulipe (f)	チューリップ	chūrippu
oeillet (m)	カーネーション	kānēshon
marguerite (f)	カモミール	kamomīru
cactus (m)	サボテン	saboten
muguet (m)	スズラン［鈴蘭］	suzuran
perce-neige (f)	スノードロップ	sunōdoroppu
nénuphar (m)	スイレン［睡蓮］	suiren
serre (f) tropicale	温室	onshitsu
gazon (m)	芝生	shibafu
parterre (m) de fleurs	花壇	kadan
plante (f)	植物	shokubutsu
herbe (f)	草	kusa
feuille (f)	葉	ha
pétale (m)	花びら	hanabira
tige (f)	茎	kuki
pousse (f)	シュート	shūto
céréales (f pl) (plantes)	禾穀類	kakokurui
blé (m)	コムギ［小麦］	komugi
seigle (m)	ライムギ［ライ麦］	raimugi
avoine (f)	オーツムギ［オーツ麦］	ōtsu mugi
millet (m)	キビ［黍］	kibi
orge (f)	オオムギ［大麦］	ōmugi
maïs (m)	トウモロコシ	tōmorokoshi
riz (m)	イネ［稲］	ine

25. Les mots souvent utilisés

aide (f)	手伝い	tetsudai
arrêt (m) (pause)	休止	kyūshi
balance (f)	衡平	kōhei
base (f)	基礎	kiso
catégorie (f)	カテゴリー	kategorī
choix (m)	選択	sentaku
coïncidence (f)	一致	icchi

comparaison (f)	比較	hikaku
début (m)	始め	hajime
degré (m) (~ de liberté)	程度	teido
développement (m)	発達	hattatsu
différence (f)	差異	sai
effet (m)	効果	kōka
effort (m)	尽力	jinryoku
élément (m)	要素	yōso
exemple (m)	例	rei
fait (m)	事実	jijitsu
faute, erreur (f)	間違い	machigai
forme (f)	形状	keijō
idéal (m)	理想	risō
mode (m) (méthode)	方法	hōhō
moment (m)	瞬間	shunkan
obstacle (m)	妨害	bōgai
part (f)	一部	ichibu
pause (f)	一時停止	ichiji teishi
position (f)	位置	ichi
problème (m)	問題	mondai
processus (m)	一連の作業	ichiren no sagyō
progrès (m)	進歩	shinpo
propriété (f) (qualité)	性質	seishitsu
réaction (f)	反応	hannō
risque (m)	危険	kiken
secret (m)	秘密	himitsu
série (f)	シリーズ	shirīzu
situation (f)	状況	jōkyō
solution (f)	解決	kaiketsu
standard (adj)	標準の	hyōjun no
style (m)	スタイル	sutairu
système (m)	システム	shisutemu
tableau (m) (grille)	表	hyō
tempo (m)	テンポ	tenpo
terme (m)	用語	yōgo
tour (m) (attends ton ~)	順番	junban
type (m) (~ de sport)	種類	shurui
urgent (adj)	至急の	shikyū no
utilité (f)	実用性	jitsuyō sei
vérité (f)	真実	shinjitsu
version (f)	バリアント	barianto
zone (f)	地帯	chitai

26. Les adjectifs. Partie 1

aigre (fruits ~s)	酸っぱい [すっぱい]	suppai
amer (adj)	苦い	nigai
ancien (adj)	古代の	kodai no
artificiel (adj)	人工の	jinkō no
aveugle (adj)	盲目の	mōmoku no
bas (voix ~se)	低い	hikui
beau (homme)	美しい	utsukushī
bien affilé (adj)	鋭い	surudoi
bon (savoureux)	美味しい	oishī
bronzé (adj)	日焼けした	hiyake shi ta
central (adj)	中心の	chūshin no
clandestin (adj)	内密の	naimitsu no
compatible (adj)	…準拠の	… junkyo no
content (adj)	満足した	manzoku shi ta
continu (usage ~)	連続的な	renzoku teki na
court (de taille)	短い	mijikai
cru (non cuit)	生の	nama no
dangereux (adj)	危険な	kiken na
d'enfant (adj)	子供の	kodomo no
dense (brouillard ~)	濃い	koi
dernier (final)	最後の	saigo no
difficile (décision)	難しい	muzukashī
d'occasion (adj)	中古の	chūko no
douce (l'eau ~)	淡…	tan …
droit (pas courbe)	直…、真っすぐな	choku …, massuguna
droit (situé à droite)	右の	migi no
dur (pas mou)	硬い	katai
étroit (passage, etc.)	狭い	semai
excellent (adj)	優れた	sugure ta
excessif (adj)	過度の	kado no
extérieur (adj)	外部の	gaibu no
facile (adj)	易しい	yasashī
fertile (le sol ~)	肥えた	koe ta
fort (homme ~)	強い	tsuyoi
fort (voix ~e)	大声の	ōgoe no
fragile (vaisselle, etc.)	壊れやすい	koware yasui
gauche (adj)	左の	hidari no
géant (adj)	巨大な	kyodai na
grand (dimension)	大きい	ohkī
gratuit (adj)	無料の	muryō no
heureux (adj)	幸福な	kōfuku na
immobile (adj)	動けない	ugoke nai

important (adj)	重要な	jūyō na
intelligent (adj)	利口な	rikō na
intérieur (adj)	内部の	naibu no
légal (adj)	合法の	gōhō no
léger (pas lourd)	軽い	karui
liquide (adj)	液状の	ekijō no
lisse (adj)	平坦な	heitan na
long (~ chemin)	長い	nagai

27. Les adjectifs. Partie 2

malade (adj)	病気の	byōki no
mat (couleur)	マット	matto
mauvais (adj)	悪い	warui
mort (adj)	死んだ	shin da
mou (souple)	柔らかい	yawarakai
mûr (fruit ~)	熟れた	ure ta
mystérieux (adj)	謎の	nazo no
natal (ville, pays)	生まれた	umare ta
négatif (adj)	否定の	hitei no
neuf (adj)	新しい	atarashī
normal (adj)	標準の	hyōjun no
obligatoire (adj)	義務的な	gimu teki na
opposé (adj)	正反対の	sei hantai no
ordinaire (adj)	普通の	futsū no
original (peu commun)	独創的な	dokusōtekina
ouvert (adj)	開いた	hirai ta
parfait (adj)	優れた	sugure ta
pas clair (adj)	明確でない	meikaku de nai
pas difficile (adj)	難しくない	muzukashiku nai
passé (le mois ~)	先…	sen …
pauvre (adj)	貧乏な	binbō na
personnel (adj)	個人的な	kojin teki na
petit (adj)	小さい	chīsai
peu profond (adj)	浅い	asai
plein (rempli)	満ちた	michi ta
poli (adj)	礼儀正しい	reigi tadashī
possible (adj)	可能な	kanō na
précis, exact (adj)	正確な	seikaku na
principal (adj)	主な	omo na
principal (idée ~e)	主な	omo na
probable (adj)	ありそうな	arisō na
propre (chemise ~)	きれいな	kireina
public (adj)	公共の	kōkyō no

rapide (adj)	速い	hayai
rare (adj)	珍しい	mezurashī
risqué (adj)	危険な	kiken na
sale (pas propre)	汚れた	yogore ta
similaire (adj)	に似て	ni ni te
solide (bâtiment, etc.)	頑丈な	ganjō na
spacieux (adj)	広々とした	hirobiro to shi ta
spécial (adj)	特別の	tokubetsu no
stupide (adj)	愚かな	oroka na
sucré (adj)	甘い	amai
suivant (vol ~)	来…	rai …
supplémentaire (adj)	追加の	tsuika no
surgelé (produits ~s)	冷凍の	reitō no
triste (regard ~)	悲しげな	kanashi ge na
vide (bouteille, etc.)	空の	karano
vieux (bâtiment, etc.)	古い	furui

28. Les verbes les plus utilisés. Partie 1

accuser (vt)	責める	semeru
acheter (vt)	買う	kau
aider (vt)	手伝う	tetsudau
aimer (qn)	愛する	aisuru
aller (à pied)	行く	iku
allumer (vt)	つける	tsukeru
annoncer (vt)	アナウンスする	anaunsu suru
annuler (vt)	取り消す	torikesu
appartenir à …	所有物である	shoyū butsu de aru
attendre (vt)	待つ	matsu
attraper (vt)	捕らえる	toraeru
autoriser (vt)	許可する	kyoka suru
avoir (vt)	持つ	motsu
avoir confiance	信用する	shinyō suru
avoir peur	怖がる	kowagaru
battre (frapper)	殴る	naguru
boire (vt)	飲む	nomu
cacher (vt)	隠す	kakusu
casser (briser)	折る、壊す	oru, kowasu
cesser (vt)	止める	tomeru
changer (vt)	変える	kaeru
chanter (vi)	さえずる	saezuru
chasser (animaux)	狩る	karu
choisir (vt)	選択する	sentaku suru
commencer (vt)	始める	hajimeru

comparer (vt)	比較する	hikaku suru
comprendre (vt)	理解する	rikai suru
compter (dénombrer)	計算する	keisan suru
compter sur ...	…を頼りにする	... wo tayori ni suru
confirmer (vt)	確認する	kakunin suru
connaître (qn)	知っている	shitte iru
construire (vt)	建設する	kensetsu suru
copier (vt)	コピーする	kopī suru
courir (vi)	走る	hashiru
coûter (vt)	かかる	kakaru
créer (vt)	創造する	sōzō suru
creuser (vt)	掘る	horu
crier (vi)	叫ぶ	sakebu
croire (en Dieu)	信じる	shinjiru
danser (vi, vt)	踊る	odoru
décider (vt)	決定する	kettei suru
déjeuner (vi)	昼食をとる	chūshoku wo toru
demander (~ l'heure)	問う	tō
dépendre de ...	…に依存する	... ni izon suru
déranger (vt)	邪魔をする	jama wo suru
dîner (vi)	夕食をとる	yūshoku wo toru
dire (vt)	言う	iu
discuter (vt)	討議する	tōgi suru
disparaître (vi)	姿を消す	sugata wo kesu
divorcer (vi)	離婚する	rikon suru
donner (vt)	手渡す	tewatasu
douter (vt)	疑う	utagau

29. Les verbes les plus utilisés. Partie 2

écrire (vt)	書く	kaku
entendre (bruit, etc.)	聞く	kiku
envoyer (vt)	送る	okuru
espérer (vi)	希望する	kibō suru
essayer (de faire qch)	試みる	kokoromiru
éteindre (vt)	消す	kesu
être absent	欠席する	kesseki suru
être d'accord	同意する	dōi suru
être fatigué	疲れる	tsukareru
être pressé	急ぐ	isogu
étudier (vt)	勉強する	benkyō suru
excuser (vt)	許す	yurusu
exiger (vt)	要求する	yōkyū suru
exister (vi)	存在する	sonzai suru

expliquer (vt)	説明する	setsumei suru
faire (vt)	する	suru
faire le ménage	掃除をする	sōji wo suru
faire tomber	落とす	otosu
féliciter (vt)	祝う	iwau
fermer (vt)	閉める	shimeru
finir (vt)	終える	oeru
garder (conserver)	保つ	tamotsu
haïr (vt)	憎む	nikumu
insister (vi)	主張する	shuchō suru
insulter (vt)	侮辱する	bujoku suru
interdire (vt)	禁じる	kinjiru
inviter (vt)	招待する	shōtai suru
jouer (s'amuser)	遊ぶ	asobu
lire (vi, vt)	読む	yomu
louer (prendre en location)	借りる	kariru
manger (vi, vt)	食べる	taberu
manquer (l'école)	欠席する	kesseki suru
mépriser (vt)	軽蔑する	keibetsu suru
montrer (vt)	見せる	miseru
mourir (vi)	死ぬ	shinu
nager (vi)	泳ぐ	oyogu
naître (vi)	生まれる	umareru
nier (vt)	否定する	hitei suru
obéir (vt)	従う	shitagau
oublier (vt)	忘れる	wasureru
ouvrir (vt)	開ける	akeru

30. Les verbes les plus utilisés. Partie 3

pardonner (vt)	許す	yurusu
parler (vi, vt)	話す	hanasu
parler avec …	…と話す	… to hanasu
participer à …	参加する	sanka suru
payer (régler)	払う	harau
penser (vi, vt)	思う	omō
perdre (les clefs, etc.)	なくす	nakusu
plaire (être apprécié)	好む	konomu
plaisanter (vi)	冗談を言う	jōdan wo iu
pleurer (vi)	泣く	naku
plonger (vi)	ダイビングする	daibingu suru
pouvoir (v aux)	できる	dekiru
pouvoir (v aux)	できる	dekiru
prendre (vt)	取る	toru

prendre le petit déjeuner	朝食をとる	chōshoku wo toru
préparer (le dîner)	料理をする	ryōri wo suru
prévoir (vt)	見越す	mikosu
prier (~ Dieu)	祈る	inoru
promettre (vt)	約束する	yakusoku suru
proposer (vt)	提案する	teian suru
prouver (vt)	証明する	shōmei suru
raconter (une histoire)	話をする	hanashi wo suru
recevoir (vt)	受け取る	uketoru
regarder (vt)	…を見る	… wo miru
remercier (vt)	感謝する	kansha suru
répéter (dire encore)	復唱する	fukushō suru
répondre (vi, vt)	回答する	kaitō suru
réserver (une chambre)	予約する	yoyaku suru
rompre (relations)	終わらせる	owaraseru
s'asseoir (vp)	座る	suwaru
sauver (la vie à qn)	救出する	kyūshutsu suru
savoir (qch)	知る	shiru
se battre (vp)	喧嘩をする	kenka wo suru
se dépêcher	急ぐ	isogu
se plaindre (vp)	不平を言う	fuhei wo iu
se rencontrer (vp)	会う	au
se tromper (vp)	誤りをする	ayamari wo suru
sécher (vt)	乾かす	kawakasu
s'excuser (vp)	謝る	ayamaru
signer (vt)	署名する	shomei suru
sourire (vi)	ほほえむ [微笑む]	hohoemu
supprimer (vt)	削除する	sakujo suru
tirer (vi)	撃つ	utsu
tomber (vi)	落ちる	ochiru
tourner (~ à gauche)	曲がる	magaru
traduire (vt)	翻訳する	honyaku suru
travailler (vi)	働く	hataraku
tromper (vt)	だます	damasu
trouver (vt)	見つける	mitsukeru
tuer (vt)	殺す	korosu
vendre (vt)	売る	uru
venir (vi)	到着する	tōchaku suru
vérifier (vt)	検査する	kensa suru
voir (vt)	見る	miru
voler (avion, oiseau)	飛ぶ	tobu
voler (qch à qn)	盗む	nusumu
vouloir (vt)	欲する	hossuru